Jes Lysgaard

Weg mit dem Schussreflex!

Mit der TAB-Methode Scheibenpanik besiegen

Jes Lysgaard

Weg mit dem Schussreflex

Mit der TAB-Methode Scheibenpanik besiegen

Übersetzung aus dem Englischen: *Ekkehard Höhn*
Redaktion: *Volker Alles, Angelika Alles-Hörnig*
Umschlag: *Angelika Alles-Hörnig*
Layout: *Susanne Haupt*

ISBN 978-3-938921-69-2

Verlag Angelika Hörnig
Siebenpfeifferstraße 16
67071 Ludwigshafen
www.bogenschiessen.de

Jes Lysgaard

Weg mit dem Schussreflex!

Mit der TAB-Methode Scheibenpanik besiegen

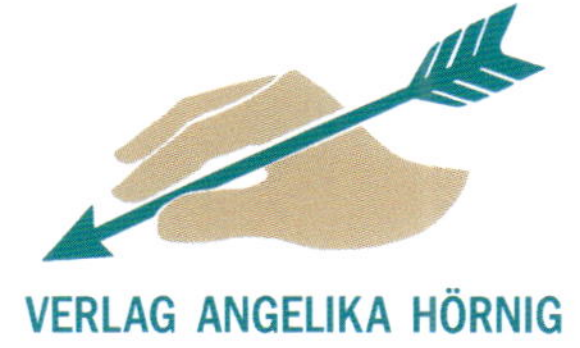

VERLAG ANGELIKA HÖRNIG

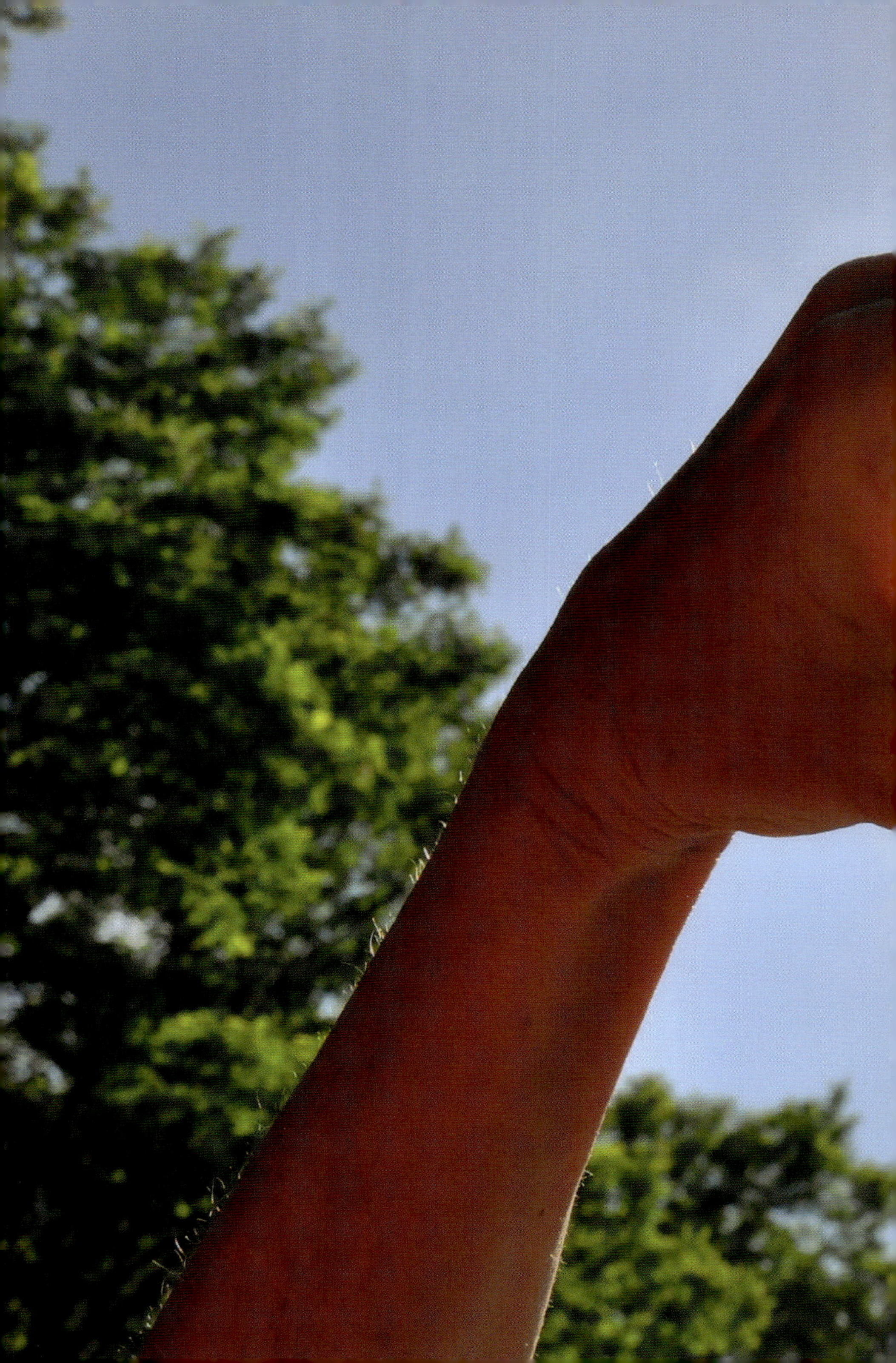

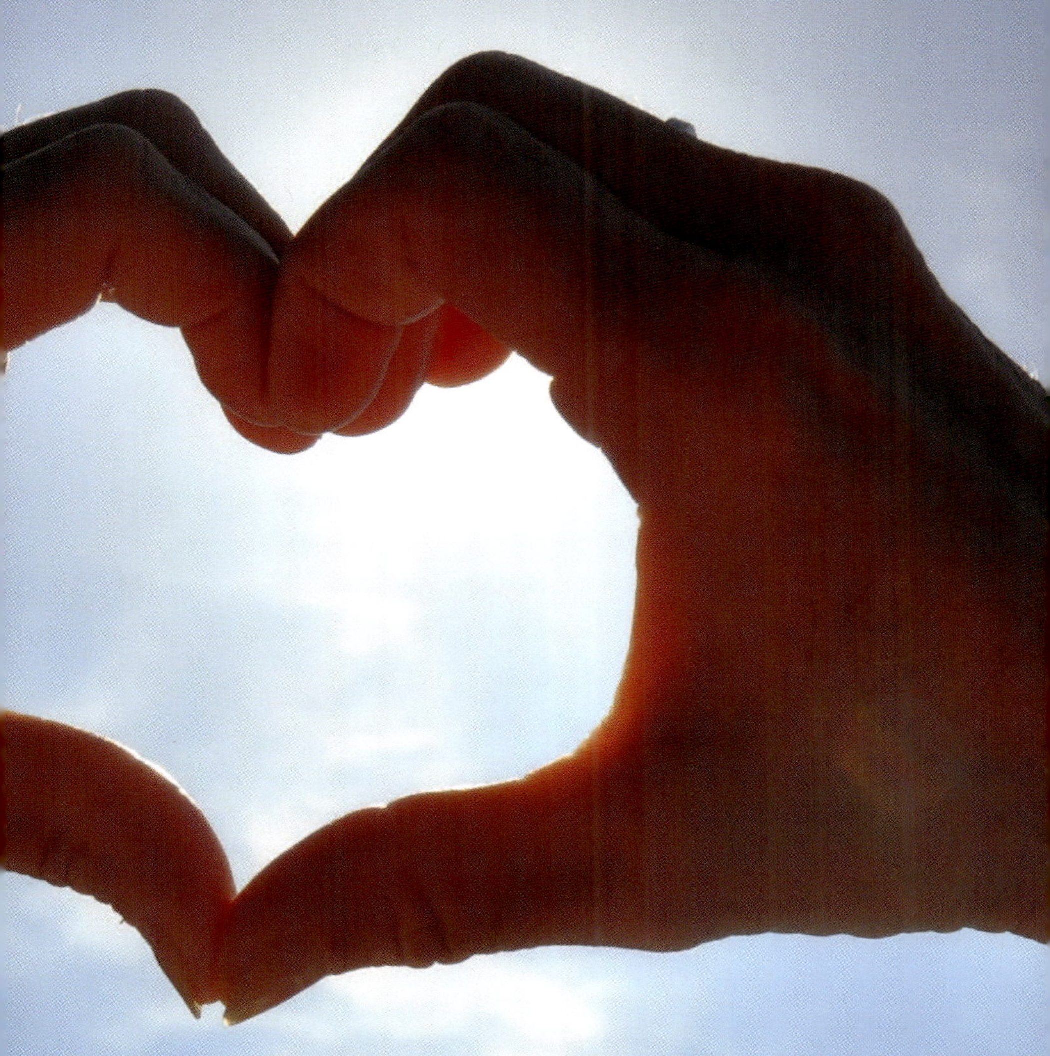

„Was ist Liebe?"
„Wenn es gar keine Angst mehr gibt," sagte der Meister.
„Was fürchten wir?"
„Liebe," sagte der Meister.

Anthony de Mello

INHALT

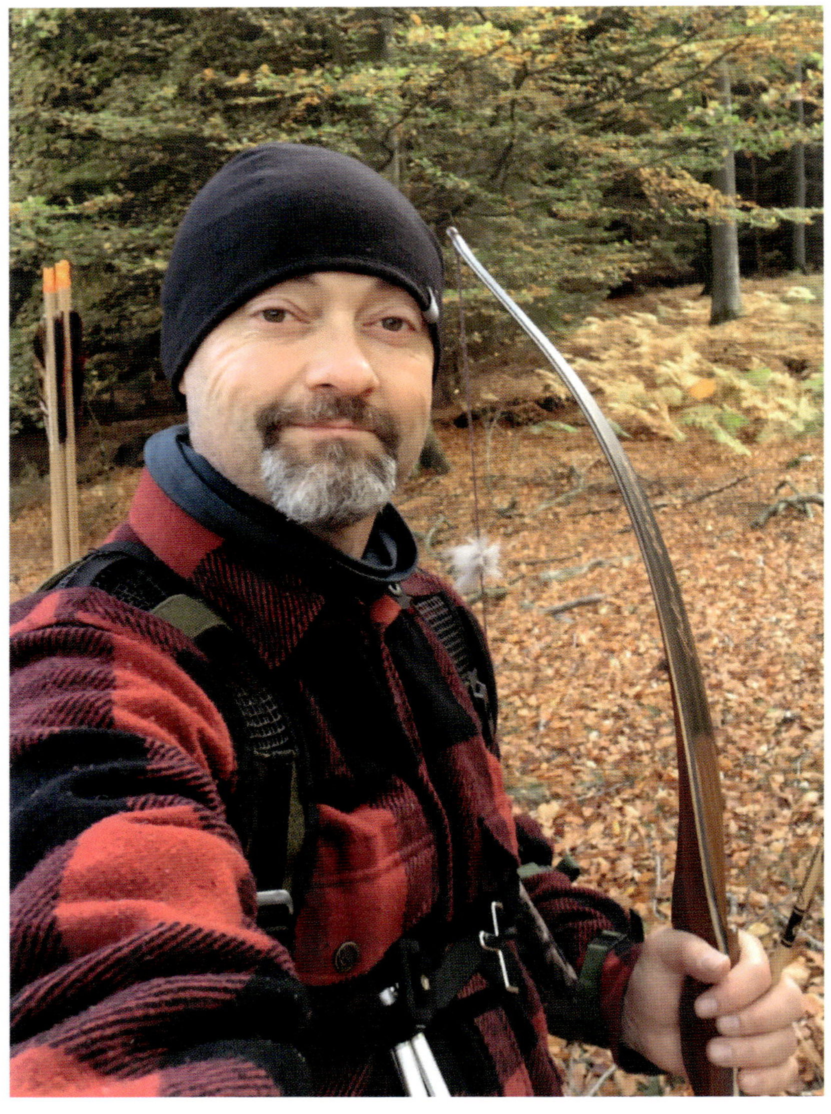

VORWORT

Dieses Buch entstand dummerweise – oder glücklicherweise – aufgrund meiner eigenen Scheibenpanik. Ich war stark betroffen, über eine lange Zeit. Ich habe den Frust und das Negative der Scheibenpanik erlebt. Im täglichen Training und auch bei den großen internationalen Wettkämpfen. Nach den Europameisterschaften in Schweden 2012 habe ich den Stier wirklich bei den Hörnern gepackt, und mir ist klar geworden, dass meine bisherigen Trainingsmethoden nicht gut genug waren, um das Problem des Schussreflexes zu lösen.
In diesem Buch zeige ich die Wege auf, die ich selbst ging, um die Kontrolle im Schuss zurückzugewinnen. Kontrollverlust ist frustran. Heute schieße ich wieder sehr gerne, weil ich Kontrolle im Schuss habe. Es geht mir darum, auch anderen Schützen dieses Gefühl zurückzugeben.

Viele Leute haben mich in meiner technischen und mentalen Entwicklung unterstützt. Indem sie mich ermuntert haben oder einfach akzeptierten, dass meine Schießergebnisse eine Zeitlang weniger gut waren. Diese Leute haben mich nicht auf Grund meiner Ergebnisse bewertet, sondern haben mich unterstützt und mir weitergeholfen. Das war eine sehr gute Erfahrung.

Ein großes Dankeschön geht an David Hauge, den Coach der 3D Nationalmannschaft. Dank auch an Hjötur Gislason und natürlich auch an meine wunderbare Bogensport-Freundin Evgeniia Schushikova aus der russischen 3D Nationalmannschaft, die hier auch die Rolle des Fotomodells übernommen hat. Ein riesiges Dankeschön nicht zuletzt an die Brüder Siim und Madis Talmar aus Estland von *Falco.ee*, meinem Sponsor für Bogen und Ausrüstung.

Auch möchte ich mich bei meinen Kameraden und Trainern meines Bogensportvereins Lyngby Bueskyttelaug für ihre Mitarbeit und ihr Interesse bedanken, wenn ich neue und manchmal seltsam anmutende Ideen mit ins Training gebracht habe. Dennis Bager – einer der besten dänischen Recurveschützen – und der traditionelle Bogenjäger Peter Juulsgaard haben das Manuskript dieses Buches gegengelesen und waren mir damit eine große Unterstützung. ch stehe in der Schuld dieser und vieler anderer Menschen.

In diesem Buch geht es um das Phänomen der Scheibenpanik oder **Schussreflex**, wie ich es nenne. Davon sind leider viele Schütz*innen betroffen. Mit diesem Thema habe ich mich auseinandergesetzt, habe die Literatur dazu studiert und geprüft und ich habe mich mit Schützen unterhalten, die unter Scheibenpanik litten.
Ich schildere meine eigenen Erfahrungen mit Scheibenpanik und stelle das TAB System (Target Anchor Back System) vor. Mit diesem System arbeite ich, wenn Bogenschütz*innen mit Scheibenpanik zu mir kommen. Später erkläre ich, warum ich diesem Phänomen einen anderen, neuen Namen gegeben habe.

Mit dem TAB-System habe ich das Rad nicht neu erfunden. Es handelt sich um eine einfache Methode zur Dekodierung des Schussreflexes und beinhaltet eine Visualisierung. Ich teile den Schuss in Zeitintervalle anstatt in Bewegungsabschnitte ein.

Da Bogenschütz*innen nun mal unterschiedlich sind und auch unterschiedlich lernen, war es mir wichtig, dass sich das System in unterschiedliche Trainingsmethoden integrieren lässt. Dadurch kannst du so trainieren wie du willst und wie es zu dir und deinem Schießen passt.

In einer Sache sind sich Coachs und Trainer*innen in der ganzen Welt einig: Es gibt leider kein schnelles Wundermittel, um Scheibenpanik zu überwinden. Egal welche Methode man anwendet, sie setzt dich lediglich auf den richtigen Weg, führt dich in die richtige Richtung.

Es erfordert deinen Willen und viel Arbeit, den Schussreflex zu dekodieren, den neuronalen Pfad neu zu bahnen und auch die innere Einstellung zu verändern. Das dauert seine Zeit, aber auch der Schussreflex hat sich ja über viele Schüsse hin ausgebildet.

Das TAB System kann nicht isoliert und für sich genommen angewendet werden. Dazu kommen Visualisierungstechniken, mentales Training, Schießübungen und das Verständnis davon, wie unser Gehirn Reflexe oder Programme aufbaut.

Es gibt verschiedene Theorien dazu, wie Scheibenpanik entsteht. Ich erkläre hier meinen Ansatz und zeige, wie damit umzugehen ist. Mein Ansatz wird durch verschiedene psychologische Theorien und die Aussagen von anderen Autor*innen, die sich mit der Thematik beschäftigt haben, gestützt.

Mein Standpunkt

Ich denke, dass fast alle traditionellen Schützen früher oder später in ihrer Laufbahn mit dem Schussreflex zu tun haben. Ob nun die eine oder andere Theorie den Schussreflex besser beschreibt, ändert nichts daran, dass er erlebte Realität ist. Fakt ist auch, dass man den Reflex nur schwer dekodieren und verändern kann. Die Theorie über die Entstehung des Reflexes entscheidet jedoch über die Methode, mit der man ihn überwinden will. Unabhängig von der gewählten Methode braucht es viel konsequente Arbeit, um den Reflex zu überwinden.

Ich hoffe, meine Methode hilft allen, die dieses Buch lesen. Ich hoffe, du lässt dieses negative Gefühl hinter dir, wenn dein Körper im Schuss irgendwelche unbeabsichtigten und unkontrollierten Bewegungen macht. Ich hoffe, du findest - so wie ich - die Freude am Schießen wieder.

Ich erläutere später noch, wie ein einmal im Nervensystem angelegter Gedächtnispfad – in diesem Fall leider der Schussreflex – unter Umständen wieder aktiviert wird, wenn er nur die passenden Schlüsselreize erhält. Deswegen musst du dir immer bewusst sein, dass es den Schussreflex gibt und bei jedem Schuss diszipliniert damit umgehen.

Diese Disziplin kann aber zu einer guten Gewohnheit werden, die sich gut anfühlt und deine Wahrnehmung für das schärft, was du gerade tust. Es ist egal, ob es sich dabei um das Schießen handelt oder um andere Lebenssituationen, in den du präsent sein musst.

Viel Freude beim Lesen und viel Freude beim Training.

Jes Lysgaard

Einführung

Ich arbeite mich langsam durch meinen Schussablauf.
Mein Zeigefinger ist genau am Ankerpunkt am Eckzahn – das Zielbild ist fast erfüllt, langsam senke ich den Bogenarm um ein paar Millimeter bis das Zielbild perfekt ist.
Ich habe den Eindruck von Zeitlosigkeit – alles fühlt sich kontrolliert und gut an.

Ich bin in Göteborg und es ist das Jahr 2018 im Spätsommer und ich schieße bei der 3D Europameisterschaft. Zum sechsten Mal bin ich Mitglied der dänischen Nationalmannschaft.
Zwei Jahre lang hatte ich Probleme mit Scheibenpanik, mit wechselnder Intensität. Durch einen Sturz, bei dem ich mir das Schlüsselbein ausgerenkt habe, entwickelte sich dieser unglückliche Reflex, mit dem ich dann so lange zu tun hatte.

Nur noch ein Millimeter, und der Pfeil steht dort, wo er sein soll.
Dann verreiße ich den ganzen Schuss mit meiner Zugschulter, die Zughand fliegt seitlich weg, anstatt schön nach hinten zum Nacken zu gleiten, mein Bogenarm fällt und der Pfeil fliegt über das Ziel hinweg.

Da stand ich, beschämt über diesen schlechten Schuss in Gesellschaft der besten europäischen Schützen. Ich musste auch an meinen Sponsor Falco aus Estland denken, der mich jahrelang unterstützt hatte, mit den besten Bögen und Pfeilen. Was für eine miserable Leistung.

Dann ein einfacher Schuss und eine weitere Fahrkarte! Ich habe Angst, völlig von der Rolle zu kommen und versuche mit all meinen Mitteln und Techniken die Kontrolle zurückzugewinnen.

Bewusste Atmung, positives Selbstgespräch, positive Affirmationen, ja sogar schwedischer Schnupftabak! Aber ich komme einfach nicht zurück in den grünen Bereich, nichts hilft.
Einige Schüsse gelingen gut und kontrolliert. Aber in meinem Hinterkopf lauern die schlechten, unkontrollierten Schüsse. Ich kann sie nicht vertreiben.

Jetzt bin ich völlig in der Abwärtsspirale gefangen, ich habe Scheibenpanik, so wie es viele Schützen kennen. Ich hatte es schon erlebt, aber noch nie so heftig wie dieses Mal.

Als mir klar wurde, in welche Richtung sich meine Punktzahl bewegte, musste ich das als völlige Niederlage hinnehmen. Ich fing an, das so zu akzeptieren und entspannte mich in Folge dessen. Das wiederum verbesserte mein Schießen und meine Ergebnisse wurden wieder konstant, aber für diesen Wettkampf war der Zug abgefahren.

Währenddessen dachte ich über mein Gefühlsleben nach, ausgelöst durch den Kontrollverlust und die mentalen Umwege als Folge der verrissenen Schüsse, die immer und immer wieder vorkamen. Durch den Wettkampfdruck und die starke internationale Konkurrenz war das alles verstärkt worden. Mit diesen Schützen hätte ich mich auf Augenhöhe messen müssen.

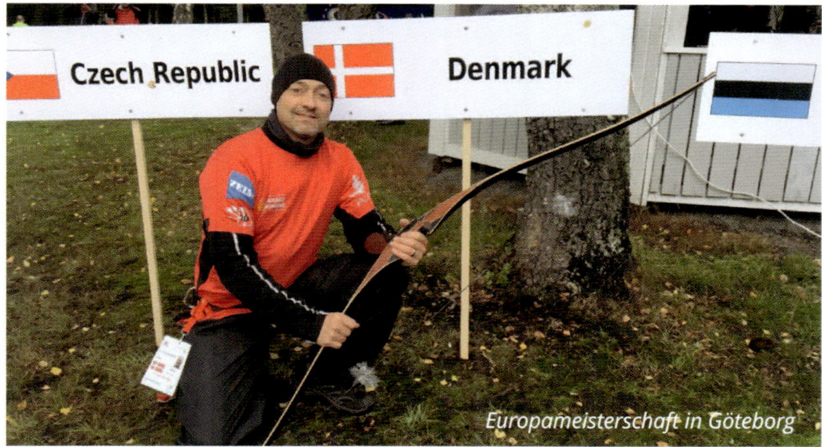

Europameisterschaft in Göteborg

Ich war durch die Aufregung angespannt und konnte die Techniken, die ich trainiert hatte, nicht so anwenden wie geplant. Ich konnte auch meine eigene Erwartungshaltung nicht ausblenden, genauso wenig wie die Erwartungshaltung und das Urteil anderer.
Die ganze Situation fühlte sich furchtbar an.

Ich wurde nicht Letzter, das konnte ich verhindern. Die dänische Nationalmannschaft lieferte ein besseres Ergebnis ab als je zuvor, und ich konnte mich mit den anderen freuen, obwohl ich selbst so schlecht abgeschnitten hatte. Aber mir wurde klar, dass ich nun von Grund auf ganz neu anfangen muss.

Lass uns zuerst klären, was der Schussreflex eigentlich ist und warum die meisten traditionellen Schütz*innen damit zu tun bekommen.

SCHUSSREFLEX

Wenn wir etwas Neues lernen, müssen wir uns dabei auf den Bewegungsablauf konzentrieren. Die Bewegungen sind nicht automatisiert und es haben sich auch noch keine Reflexe für die neue Bewegung gebildet. Wir führen die Bewegungen zunächst bewusst aus und später werden die Bewegungsmuster dann im Kleinhirn abgelegt. Wenn das passiert ist, kann eine Bewegung unbewusst ausgeführt werden.
Durch diese Automatisierung brauchen wir für eine Bewegung dann weniger Muskelarbeit. Es werden auch geistige Kapazitäten frei und wir können diese nutzen, um die Bewegung weiter zu optimieren oder können uns auch gleichzeitig mit anderen Dingen beschäftigen.

Wenn wir eine bewusste Bewegung initiieren wollen, geht der erste Impuls dafür vom präfrontalen Kortex im Gehirn aus. Von dort geht der Bewegungsimpuls zum prämotorischen Kortex, in dem die einzelnen Muskelgruppen untereinander koordiniert werden, und dann weiter zum motorischen Kortex. Vom motorischen Kortex verläuft das Nervensignal nun weiter zur Wirbelsäule und von dort zu den einzelnen Muskelgruppen.

Automatisierte Bewegung

Bei einer automatisierten Bewegung hingegen – bei deren Automatisierung sich ein Reflex gebildet hat –, wird die Bewegung durch den Schlüsselreiz ausgelöst. Das Bewegungssignal umgeht dabei den präfrontalen Kortex, in dem der bewusste Impuls für eine Bewegung eigentlich gestartet würde.

Der Impuls zum Lösen des Pfeils entsteht, wenn das Schlüsselsignal/der Trigger den prä-/motorischen Kortex unter Umgehung des präfrontalen Kortexes aktiviert.

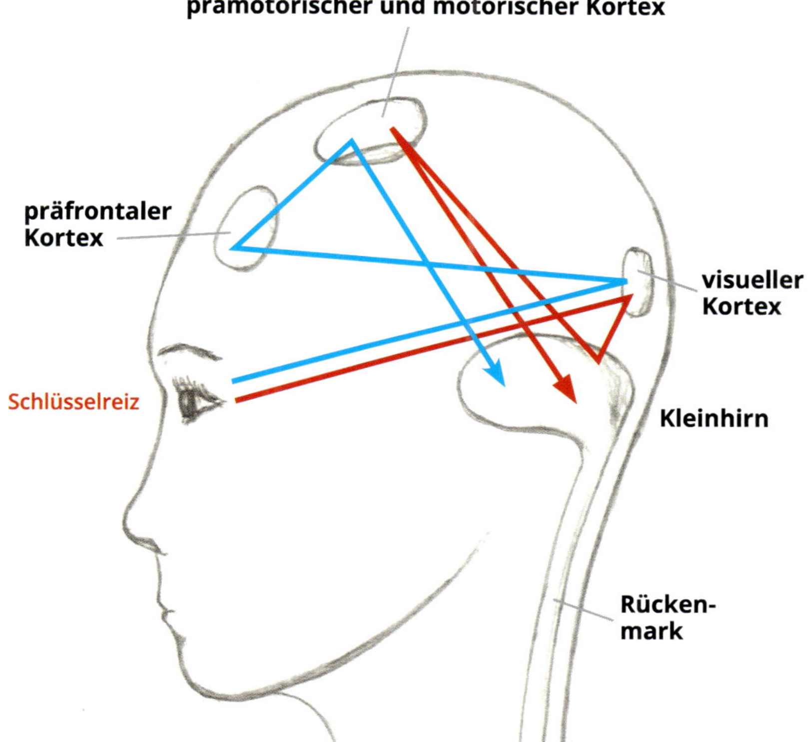

Dieser leitet das Signal zum Lösen dann direkt zum Rückenmark und den Muskelgruppen.

Diese Bewegungssignale umgehen also den präfrontalen Kortex. Wenn die Bewegung - hier das Lösen - aber noch nicht erfolgen soll, wollen wir den Bewegungsimpuls zum Lösen unterdrücken.
Diese Unterdrückung wird als Impuls aus dem präfrontalen Kortex gesteuert, von dort also, wo die Bewegungen *bewusst* in Gang gesetzt werden.
Die Unterdrückung gelangt ebenfalls zum prä-/motorischen Kortex. Dort laufen nun zwei gegensätzliche Bewegungsimpulse auf. Der Impuls *"Sehne halten"* und der gegenläufige Impuls *„Sehne lösen"* führen zu einer völlig unkoordinierten Bewegung.

Das ist es, was die meisten Schütz*innen erleben, wenn sie den Löseimpuls unterdrücken wollen. Dieser **Schussreflex** entsteht, wenn eine Bewegung aus zwei unterschiedlichen Hirnarealen mit zwei gegensätzlichen Bewegungsimpulsen gesteuert wird. Und diese daraus resultierende Bewegung fühlt sich nicht nur völlig unkontrolliert an - sie ist es auch.

Das war das physiologische Modell zum Schussreflex. Es erklärt, warum es so schwer ist den Reflex zu überwinden und wieder zu einer bewusst gesteuerten Bewegung zu kommen.

Warum entsteht der Reflex überhaupt?

Dazu gibt es unterschiedliche Theorien. Ich denke, die Erklärung des amerikanischen Psychologen Daniel Stern vermittelt das beste Verständnis, wie es zu dem Reflex kommt. Daniel Stern hat intensiv im Bereich der Mutter-Kind Bindungen und Erwachsenenbindungen geforscht.
Er hat sich aber auch mit der Verarbeitung von Reizen und Eindrücken im Hirn beschäftigt. Dabei fand er heraus, dass gleichartige Eindrücke denen wir oft ausgesetzt sind - wie Bilder oder Gerüche – in Gruppen gespeichert werden.
Rufen wir uns diese Bilder oder Erlebnisse ins Gedächtnis, so erinnern wir uns nicht an ein einzelnes Erlebnis, sondern an ***eine Art Mittelwert aus den Erinnerungen*** der abgespeicherten Erlebnisgruppe. Das nennt Stern einen **RIG** (Repräsentativwert einer Internalisierten Generalisation). Durch die Vielzahl der gleichartigen Eindrücke können die Einzeleindrücke nicht mehr voneinander unterschieden werden.

Gehen wir nun von dieser Theorie aus und berücksichtigen wir, dass unser Gehirn Bewegungen optimiert und automatisiert, wird klar, dass wir das Zielbild in einer einzelnen RIG abgespeichert haben.

Die Erfüllung des Zielbildes aktiviert bei den meisten Schützen den Lösereflex, den Schussreflex. Das Zielbild ist nun aber als RIG gespeichert - als durchschnittliches Zielbild - und unser Gehirn wird den Impuls zum Lösen setzen, wenn das vorhandene, aktuelle Zielbild auch nur ungefähr dem durchschnittlich passenden Zielbild entspricht und unser Gehirn dies erkennt. Bedenke, das Gehirn will eine Bewegung stets optimieren[2].

---

[2] Anm. des Übersetzers: Optimieren heißt hier auch: Weniger Kraft einsetzen müssen, die Bewegung zeitlich verkürzen können

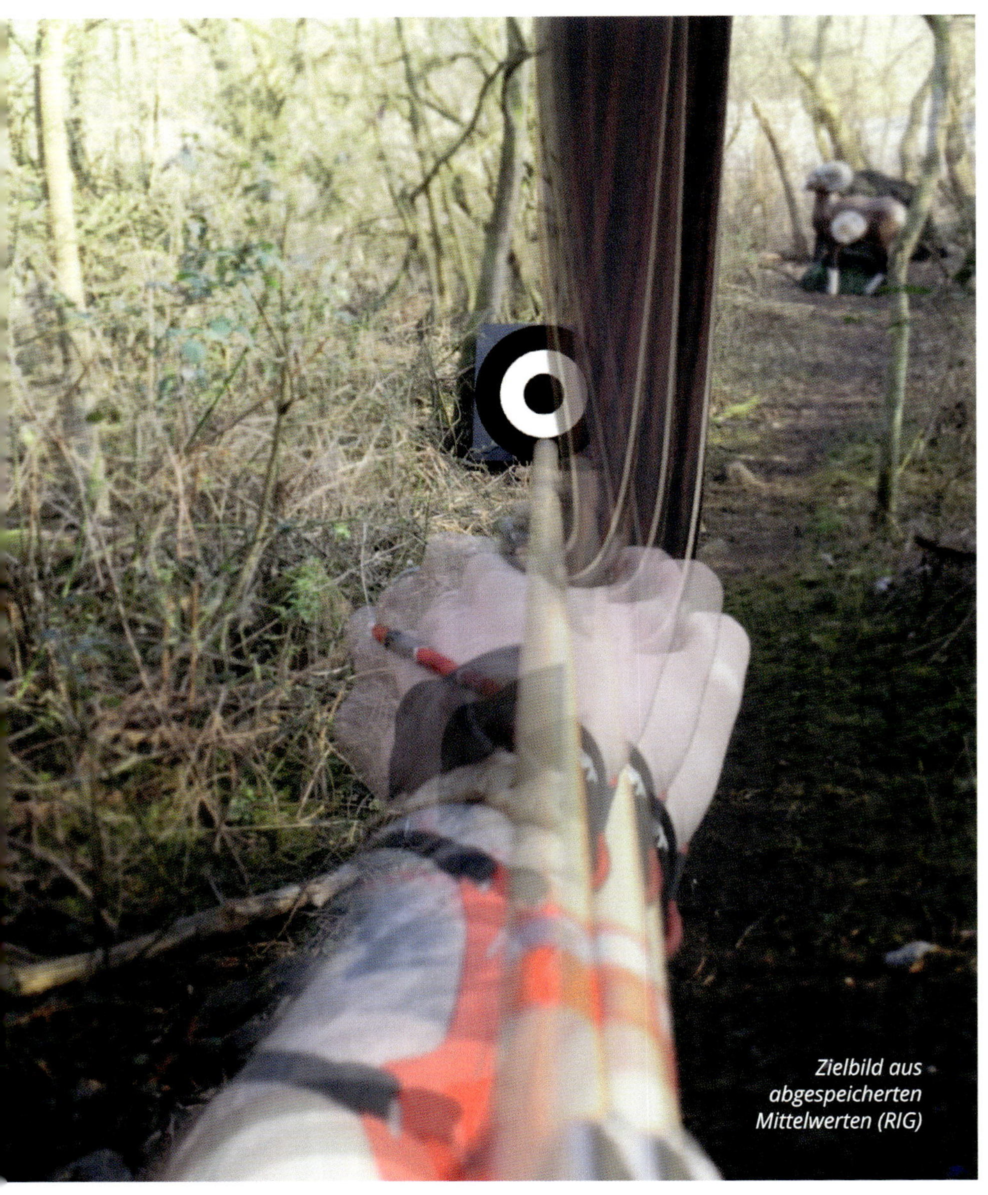

Zielbild aus abgespeicherten Mittelwerten (RIG)

Das Gehirn erkennt nun während der Schießbewegung immer früher, dass das Zielbild halbwegs erfüllt ist. Wir reden hier über eine Zeitspanne von einer halben Sekunde oder weniger, die zwischen der erkannten und der wirklichen Zielbilderfüllung liegt.
Aber diese Zeitspanne genügt, dass wir die Sehne vorzeitig lösen. Und dann trifft unser Pfeil nicht dort, wo wir wollen.

Dummerweise bleibt ein einmal erlernter Reflex zeitlebens im Gedächtnis. Es bildet sich ein sogenannter neuronaler Pfad aus. Durch den passenden Schlüsselreiz kann er immer wieder aktiviert werden. Auch dann, wenn wir andere Bewegungsmuster dazugewonnen haben, die von anderen Reizen gesteuert werden.

Alte, hier negative, Schlüsselreize können durch eine Vielzahl von Faktoren belebt werden: Schlafmangel, Unterzuckerung, Adrenalin, etc. Wenn du dich neu konditionierst und alte Reize überschreiben willst, solltest du also ausgeruht, frisch und achtsam sein.

Muskuläres Gedächtnis

Oben ist beschrieben, wie und warum unser Gehirn und Gedächtnis den Schussreflex entwickelt. Betrachten wir Bewegungsabläufe, so spielt aber auch unser kinästhetisches und unser muskuläres Gedächtnis eine Rolle. Das kinästhetische Gedächtnis speichert Gelenkstellungen und Bewegungen, das muskuläre Gedächtnis Spannungszustände in der Muskulatur. Man kann deshalb die Bogentechnik mit geschlossenen Augen trainieren, der optische Reiz ist dann ausgeschaltet.

Es gibt andere Theorien über die Entstehung von Scheibenpanik: Der Abschuss erzeugt einen Rückschlag, ähnlich wie beim Schießen mit Feuerwaffen, und der Körper schützt sich vor diesem unangenehmen Impuls.
Ich lasse offen, ob dieser Ansatz stimmig ist. Basierend auf meinen Erfahrungen als Jäger und Sergeant beim Militär glaube ich nicht, dass dieser Faktor bei mir eine Rolle spielt.
Joel Turner, ein erfahrener amerikanischer Schütze und Autor, beschreibt diesen Ansatz. Mit externen Triggern kuriert er sehr erfolgreich Schützen mit Scheibenpanik. Das sind Trigger wie eine Feder, welche die Nase im Vollauszug berührt, oder ein Fingerklicker. Hier schnappt ein Finger beispielsweise über eine hervorstehende Kante am Bogen. Manche Schützen wenden solche Techniken sehr erfolgreich an. Ich sehe das pragmatisch: Wer heilt, hat Recht.
Leider entwickeln viele Schützen auch einfach nur einen neuen Reiz, der den Schussreflex auslöst. Problematisch ist dann nicht mehr das Zielbild als Reiz, sondern ein anderer Reiz, aber der Schütze verliert trotzdem die Kontrolle. Ich möchte hier aber genau an der Stelle im mentalen System ansetzen, wo Kontrolle entsteht und verloren geht. Die Methoden dazu, die ich später beschreibe, können leicht mit anderen Ansätzen kombiniert werden.

Es gibt also mehrere Theorien zur Ursache des Schussreflexes. Mir scheint die erste geschilderte am sinnvollsten: Unser Gehirn optimiert den optischen Reiz und dadurch kommt es zum vorzeitigen Lösen.
Die Entstehungstheorie kann für die Wahl der Therapiemethode entscheidend sein. Daniel Sterns RIG-Theorie erklärt die Entstehung des Schussreflexes für mich am schlüssigsten.

Konditionierte Reflexe können dekodiert werden

Sind Gedächtnispfade und Reflexe einmal in uns angelegt, so bleiben sie bestehen und können durch den Schlüsselreiz ausgelöst werden. Das ist ein Problem. Erinnerungen und Gefühle, die man vielleicht nur einmal in seinem Leben gehabt hat, können beispielsweise durch einen Duft, eine Melodie oder einen physischen Kontakt wachgerufen werden.

Dieser Gedächtnispfad ist ein heikler Tanzpartner. Wir müssen sehr wachsam sein, wenn wir eine Bewegung neu erlernen, um eine alte zu dekodieren. Für Bogenschützen ist das Zielbild der führende Schlüsselreiz zum Schussreflex. Je näher dieser Punkt (innerhalb des Schießzyklus) heranrückt, desto schwieriger wird es, den Reflex zu durchbrechen.

Ein erhöhter Adrenalinspiegel verstärkt den Schussreflex

Jeder kennt die folgende Situation:

> *Du hast den Pfeil aufgelegt, aber den Bogen noch nicht gehoben. Du bist innerlich ruhig und entschlossen, diesmal alles richtig zu machen, sicher zu zielen und sauber zu lösen.*
> *Beim Aufbau des Schusses hast du noch die Kontrolle.*
> *Sobald das Zielbild auftaucht, wird der Schussreflex ausgelöst, und du kannst den Schuss nicht mehr kontrollieren.*

Nach dem Schuss sind die meisten Schütz*innen dann in einem Schockzustand. Dieses Gefühl der Hilflosigkeit kann den Reflex noch weiter verstärken und den Adrenalinspiegel noch zusätzlich erhöhen.

In einer Wettkampfsituation ist die Körperspannung wie auch der Adrenalinspiegel erhöht. Das verstärkt zusätzlich noch die Scheibenpanik. Das erleben viele Schützen am eigenen Leibe bei Turnieren.

Auch Jäger kennen das. In solch extremen Situationen wirken verstärkte gegensätzliche Signale (die des präfrontalen Kortex und die des Reflexes, welche den präfrontalen Kortex umgehen) auf den motorischen Kortex ein, und das verstärkt auch den Schussreflex. Die resultierende Bewegung ist sehr unkontrolliert, und dadurch entstehen massive Fehlschüsse. Die wiederum verschlimmern die ganze Situation noch, und das kann zu einer wirklich üblen Abwärtsspirale führen.

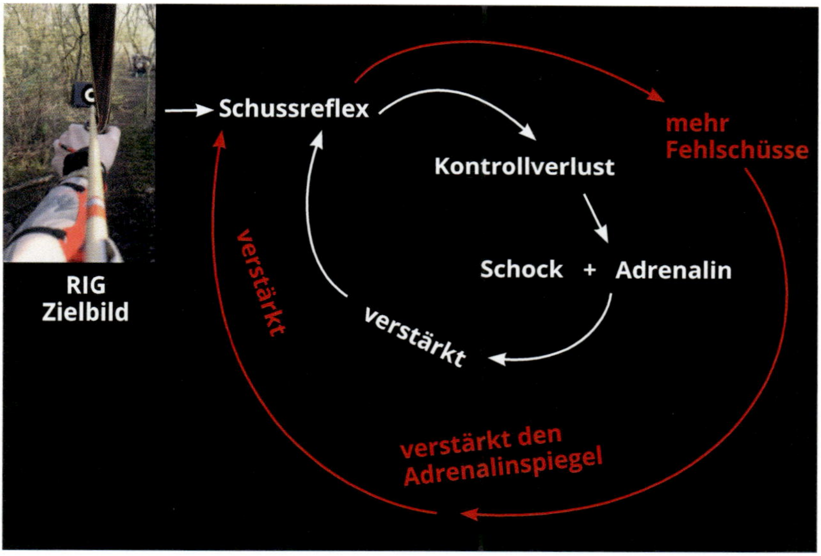

RIG
Zielbild
Schussreflex
Kontrollverlust
Schock + Adrenalin
verstärkt
mehr Fehlschüsse
verstärkt den Adrenalinspiegel
verstärkt

Abwärtsspirale von Schussreflex, Fehlschüssen und Anspannung.

Der Bogenjäger Peter Juusgaard, ein guter Freund, erzählt, dass sich manche Jäger nach dem Schuss an nichts erinnern können, was während des Schusses geschehen ist. Sie haben den totalen Gedächtnisverlust für diese Zeit. Das passt zu dem erhöhten Adrenalinspiegel. Dieser Blackout beim Jagen und der Schussreflex gehen Hand in Hand.

Zusammenfassung

- Unser Gehirn versucht, Bewegungsabläufe rasch zu optimieren. Das Lösen wird durch das Zielbild verfrüht und reflexartig ausgelöst.
- Der Reflex bildet sich aus, sobald genügend gleichartige Erfahrungswerte zum Zielbild zur Verfügung stehen, die in einem RIG zusammengefasst werden.
  Der Schlüsselreiz zum Lösen (Zielbild) läuft am präfrontalen Kortex, welcher eine bewusste Bewegung steuert, vorbei.
- Wollen wir das vorzeitige Lösen unterdrücken, sendet gleichzeitig der präfrontale Kortex Signale aus.
- Der motorische Kortex wird durch diese Signalüberlagerung überfordert. Es entsteht eine unkontrollierte Bewegung, die zu einem Fehlschuss führt.
- In einer Wettkampfsituation oder einer jagdlichen Situation ist der Adrenalinspiegel erhöht. Die Signalketten sind allesamt verstärkt, wodurch die Kontrolle über den Schuss weiter abnimmt. So verstärkt sich die Abwärtsspirale in den Schussreflex.

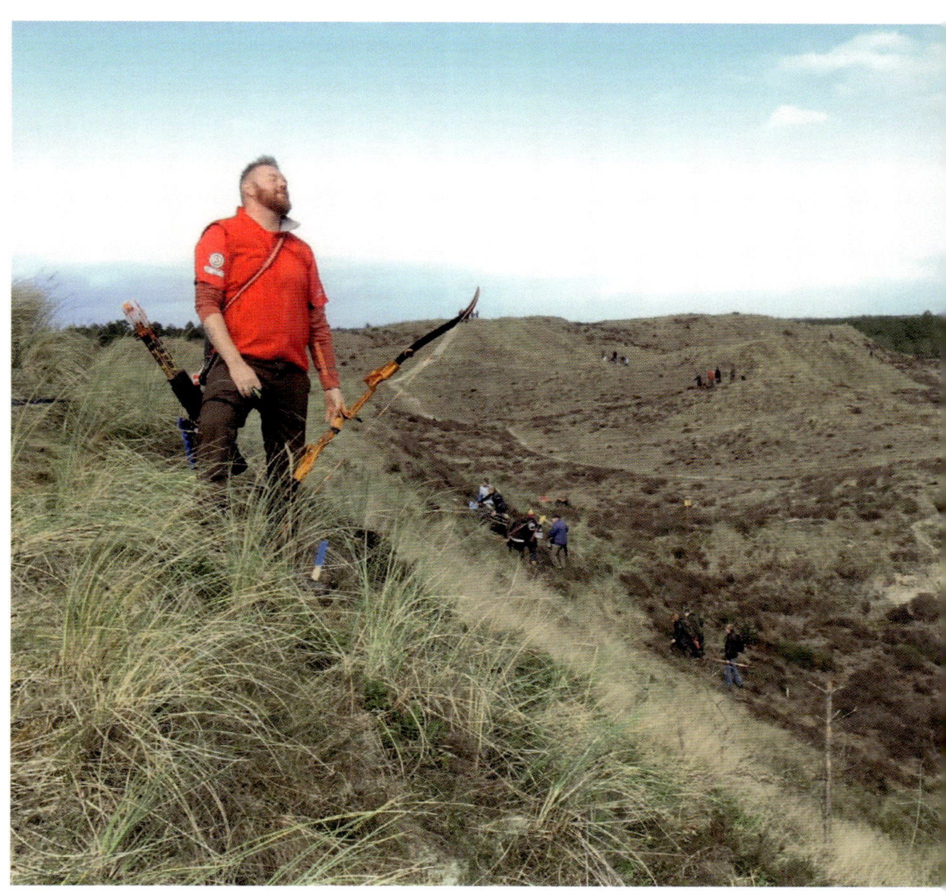

Claus Vigen Pindbo bei der dänischen Meisterschaft 2018.
Einer der seltenen Augenblicke, wo nichts so läuft wie es laufen soll.

Engagement

Wir haben uns die Entstehung des Schussreflexes und die Abläufe im Gehirn angesehen. Auf dieser Grundlage schlage ich dir Methoden vor, mit denen du die Kontrolle über den Schuss zurückgewinnen kannst.

Hast du bereits gute Erfahrungen mit anderen Methoden gemacht, musst du natürlich bei diesen bleiben. Es spielt gar keine Rolle, ob eine Theorie richtig oder falsch ist. Wir sehen ja, wie unser Schießen ist und unsere Reaktionen sind, und danach müssen wir uns richten. Was dir hilft, das hilft dir, unabhängig vom theoretischen Hintergrund.

Das **VERTRAUEN** in deine Methode ist wichtig. Der **GLAUBE** daran bringt den Erfolg. Man kann sagen, dass du dich entschlossen für eine Methode entscheiden solltest. Egal wie du an die Sache herangehst, musst du dir bewusst darüber klar werden, wie dein Bewegungsablauf ist, der schließlich zum Schlüsselreiz führt.
Bei fast allen Dingen in unserem Leben hängt der Erfolg von unserem Glauben daran ab. Glauben wir an das was wir tun, wird der Erfolg wahrscheinlicher als wenn wir nur halbherzig irgendetwas machen, ohne wirklich daran zu glauben.

Deshalb nimm dir bitte etwas Zeit zu entscheiden, bevor du loslegst, um dir einen kontrollierten Schuss zu erarbeiten.

Ich habe hier die Theorie des Schussreflexes erklärt – so wie ich sie für sinnvoll halte – um dich in dem Vertrauen zu bestärken, dass der Reflex verändert werden kann und ein neuer, besserer Reflex entwickelt werden kann.

Tulik, das Eskimomädchen bricht auf eine Jagd auf, die ihr das Leben kosten kann. Ehe sie aufbricht sagt ihr Vater mit ruhiger aber fester Stimme zu ihr:

„Tue alles was du tun musst, nicht weniger. Zögere keinen Augenblick, wenn sich etwas richtig anfühlt."

Sie verinnerlichte sich sein Worte und prägte sich seine Stimme ein, die genauso klang wie zu der Zeit, in der er ihr alles über die Jagd beigebracht hatte: Die Freiheit und die Kraft der Entschlossenheit, der weder die Beute noch irgendetwas anderes gewachsen war.

(Tulik und Havhesken, Märchen von Jes Lysgaard).

Was dir hilft

Ich habe lange daran gearbeitet, den Schussreflex zu dekodieren, der mein Schießen im Training und im Wettkampf so dominiert hat. Ich habe viel ausprobiert, nicht alles davon hat funktioniert. Aber einige Methoden schienen erfolgreich und veränderten meine bewusste Kontrolle über den Schuss. Diese Methoden will ich hier beschreiben.

1. Es gibt keine Soforthilfe.
   Wenn ein Reflex einmal entstanden und der Erinnerungspfad angelegt ist, kann der Reflex nicht rasch wieder abgelegt werden. Das war meine erste Erkenntnis in dieser Sache.

2. Die zweite Erkenntnis war die, dass man viel Arbeit investieren muss und Disziplin braucht, um den Reflex zu überwinden und zu dem Punkt zu gelangen, wo der Reflex kontrolliert werden kann.
   Man braucht auch **AUSDAUER, NEUGIER** und **NACHSICHT** mit sich selbst, um einen Reflex zu dekodieren und etwas zu verändern.

Es war auch ein spannender Prozess, zu versuchen, diese gegenläufigen Impulse zu bändigen. Ich war zum Glück mein ganzes Leben lang ein neugieriger Mensch. Ich fing an, mir den Schussablauf in Zeitintervalle einzuteilen und nicht in Bewegungsabschnitte. Dadurch nahm ich meinen Schussablauf bewusster war und konnte die stereotype Sichtweise von Bewegungsabschnitten ablegen.

Eigene und fremde Erwartungshaltungen ablegen

Ich war während des letzten Jahres auf einigen Turnieren, bei denen ich Opfer meiner eigenen Erwartungshaltung und auch Opfer der Erwartungen meiner Konkurrenz wurde. Ein paar Mal wurde ich von Schützen geschlagen, die noch gar nicht so lange dabei waren, und meine eigene Leistung war deutlich unter dem Niveau, welches ich früher gehabt hatte. Es war sehr schwer, diese Situationen zu akzeptieren, und ich musste meine Einstellung dazu verändern. Im Training waren meine Ergebnisse viel besser geworden, aber in kritischen Wettkampfsituationen lief es nicht. Ich hatte die neuen Techniken nicht so gut eingeschliffen, dass ich mich im Wettkampf auf sie verlassen konnte.
Das zeigt, dass ein erhöhter Adrenalinspiegel den Schussreflex verstärkt. Diese Theorie erscheint sinnvoll.

Du musst also **GEDULD** mit dir haben und dich auf die Verbesserungen konzentrieren. Sieh dir nach, wenn du bei Wettkämpfen schlecht abschneidest. Schieß nur dann, wenn du gut schießt. Und damit meine ich nicht das Ergebnis. Die Ergebnisse verbessern sich nur mit der Zeit, das musst du akzeptieren.
Viele Schützen fallen in ihre alten Muster zurück, weil sich die Ergebnisse nicht schnell einstellen. Deswegen fällt es ihnen schwer, sich wirklich für die neue Methode zu engagieren.
Ich hatte meine Ziele klar formuliert. Das half mir, wenn es mit meinen Ergebnissen nicht schnell genug bergauf ging. In den Phasen, in denen ich mich innerem oder äußeren Erwartungsdruck ausgesetzt habe, fiel es mir sehr schwer, flüssig zu schießen.

Vor jedem Schuss habe ich einen guten Schuss visualisiert. Man muss Visualisierungstechniken diszipliniert einüben, ehe sie wirken. Aber sie sind ein gutes Werkzeug, um wieder zurück in den Fluss gelangen.

Die Gliederung des Schusses in Zeitintervalle

Das Schema zeigt den Schussablauf in Zeitintervalle eingeteilt. Der Freiraum zwischen den Strichen stellt die Zeitpunkte dar, in welchen man den Schussreflex unterbrechen kann. Anfangs sind die Striche weit auseinander und es fällt leicht, den Schussreflex zu unterbinden. Je näher man sich zeitlich dem Schussreflex annähert, desto enger rücken die Striche zusammen.

Wenn ich den Zeitpunkt des Reflexes vorhersehen konnte, fiel es mir leichter, den Reflex zu unterdrücken, als das resultierende, unkontrollierte Lösen direkt im Ereignis zu verhindern. Das war eine Entdeckung.

Indem ich den Schuss dann in Zeitintervalle einteilte, war ich nicht mehr wütend über mein Versagen im Schuss. Ich wurde eher neugierig darauf, bis zu welchem Zeitpunkt ich den Bewegungsablauf kontrollieren konnte, ehe der Reflex einsetzte. Rückblickend kann ich sagen, dass sich dadurch mein kritisches Selbstbild veränderte. Das machte viel aus.

Mir fiel auf, dass man ein Zeitintervall viel leichter abändern kann, als eine einstudierte Bewegung. Wieder zeigt sich, wie wichtig es ist, von welchem inneren Standpunkt aus wir den Schusszyklus betrachten. Das macht den Unterschied.

Was die oben geschilderte Einteilung des Schusses betrifft, will ich hier den schwedischen Schützen Martin Ottesen hervorheben. 2018 nahm ich an einem Workshop von ihm teil, in dem es auch um Scheibenpanik ging. Dieser Workshop war sehr konstruktiv und bereichernd.

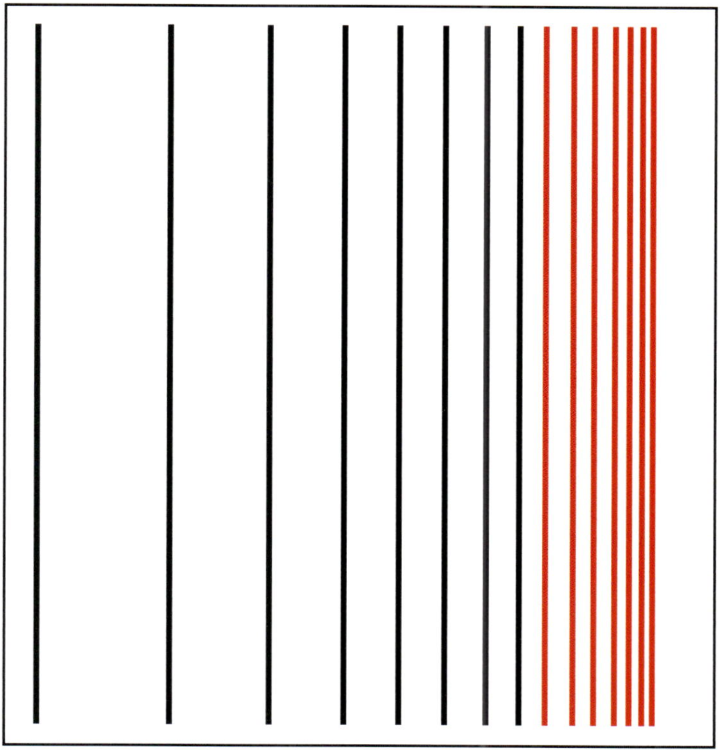

Der Bewegungsablauf in einem Zeitintervall als Barcode dargestellt

Zeitintervalle und innere Haltung beachten

Wenn wir den Schuss zeitlich aufgliedern (und nicht in Bewegungssequenzen) können wir die kommenden Bewegungen besser vorhersehen. Das ist entscheidend, um genau zu erkennen, wann der Schussreflex einsetzt.

Achtsamkeit und innere Haltung

Zunächst geht es darum, unsere Wahrnehmung und unsere innere Haltung während es Schusses zu verändern. Ehe du mit dem Therapieprogramm loslegst, musst du wissen, wann und an welcher Stelle bei dir der Schussreflex einsetzt.

Dazu schießt du einfach ganz normal wie immer, ohne am Bewegungsablauf etwas zu verändern. Verändere lediglich deine Wahrnehmung. Achte auf die Inhalte deines Schusses, auf das was du denkst und tust. Vor, während und nach dem Schuss.

Damit du das genau greifen kannst, schreibe es auf.

....

....

....

....

....

....

....

Rein äußerlich sehen diese Schüsse wie alle deine Schüsse aus. Die Aufgabe besteht darin, den kurzen Zeitrahmen wahrzunehmen, ehe der Reflex einsetzt. Versuche an dieser Stelle nicht, den Schuss zu kontrollieren. Schieß einfach ganz normal. Es mag dir schwerfallen, den beschriebenen Augenblick bewusst wahrzunehmen.

- Indem du nun auf diese Zeitintervalle achtest, hast du schon deine Aufmerksamkeit und deine innere Haltung geändert.
- Jetzt konzentrieren wir uns auf diesen kurzen Moment, ehe der Reflex aktiviert wird.
- Wir testen den Grad unserer Kontrolle über den Schuss, indem wir wie gewohnt ausziehen. Jedoch unterbrechen wir den Bewegungsablauf und setzen den Bogen ab, kurz bevor der Reflex aktiviert wird.
- Je näher du an die entscheidende Zeitphase des Reflexes heran kommst, ehe du den Bogen absetzten musst, desto mehr Kontrolle erlebst du in deinem Schuss. Das stärkt dein Selbstvertrauen, was wichtig für die kommenden Schritte ist

Wie war das bei mir?

Ich konnte ruhig ausziehen und in den Anker gehen, war jedoch nicht in der Lage, ins Ziel zu gehen, ohne den Reflex auszulösen. Ich war in der Lage, den Pfeil etwas rechts oberhalb des richtigen Zielbildes zu halten und setzte ab, wenn der Pfeil weiter ins Ziel kam. Dabei schwang ich mit meinem Bogenarm durchs Ziel und über die richtige Stellung hinaus.
Der Schussreflex zeigt sich in vielen Varianten. Dies ist nur eine Variante und bei jedem sieht dies etwas anders aus.

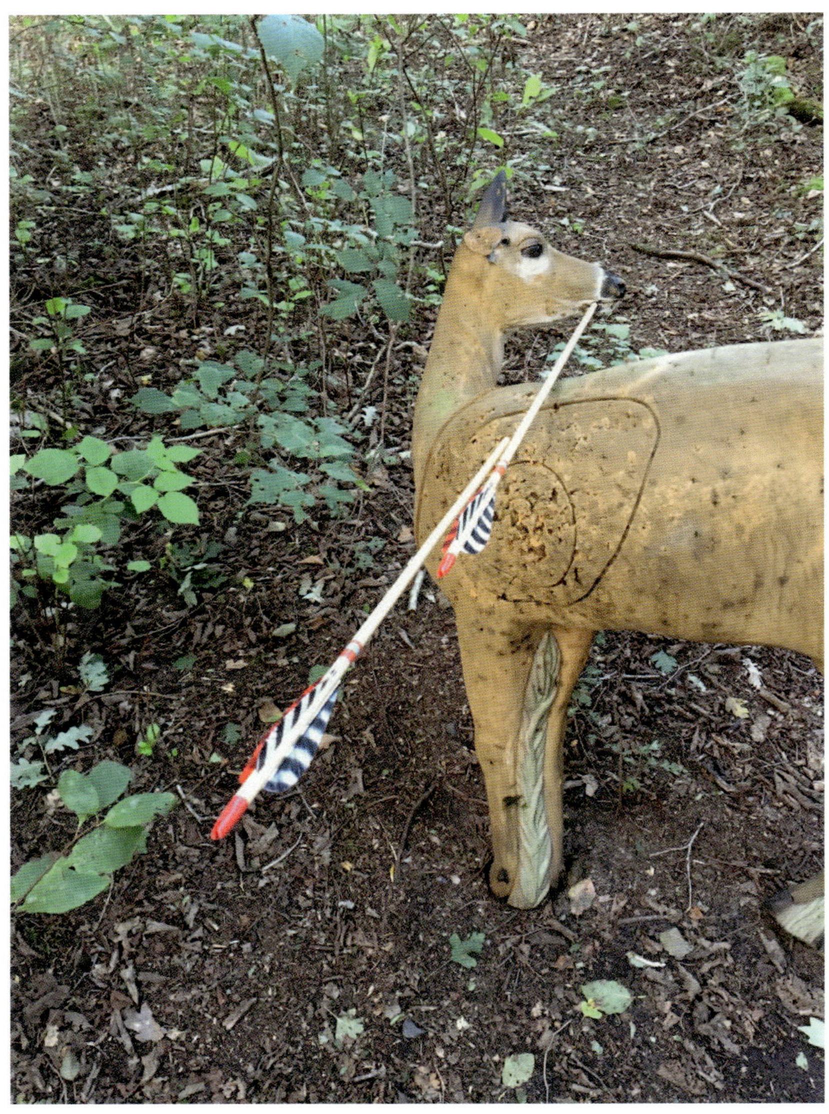

Meine Trefferlage unter dem Einfluss des Schussreflexes

Visualisieren

Visualisieren ist die Fähigkeit, sich etwas vorzustellen, was nicht tatsächlich geschieht. Es ist eine Art Wachtraum, könnte man sagen. Bei einem Wachtraum fließen die Gedanken eher wahllos. Beim Visualisieren, wie ich es hier beschreibe, lenkt man die inneren Bilder und Erlebnisse zielgerichtet.

Es gibt verschiedene Visualisierungstechniken. Einige werde ich vorstellen. Grundsätzlich kann man dabei zwei unterschiedliche Perspektiven einnehmen.

Das Visualisieren ist eine Art der Selbsthypnose. Man beeinflusst damit das Unbewusste. Das Visualisieren spricht Nervenbahnen und Muskeln an. Es ist so effektiv, dass neue neurale Wege gebahnt werden und neue Bewegungsmuster entstehen – sogar von Bewegungen, die man noch nie tatsächlich so ausgeführt hat – nur dadurch, dass man sich die Bewegung vorstellt.

Das liegt daran, dass Körperbewegungen und das Hormonsystem an verschiedene Hirnregionen gekoppelt sind, die direkt oder indirekt mit dem motorischen Kortex in Verbindung stehen. Der motorische Kortex steuert ja die Muskelbewegungen. Allein die Vorstellung einer Bewegung aktiviert die beteiligten Muskelgruppen. Dadurch wird der Gedächtnispfad für diese Bewegungen verstärkt oder verbreitert.

Willkürlich können wir uns gute oder schlechte Bilder vorstellen. Leider neigen wir oft dazu, uns schlechte Bilder ins Gedächtnis zu rufen, über zukünftige oder bereits vergangene Ereignisse. Unser Geist unterscheidet nicht zwischen gut und schlecht. Er verarbeitet alles, was wir ihm anbieten, alle Bilder und die damit verbundenen Gefühle. Deshalb können wir ihm genauso gut positive Bilder und ein ***positives Selbstbild*** anbieten. Eine positive Wahrnehmung unserer Umgebung und ein positives Selbstbild werden auch unsere innere Haltung positiv gestalten. In diese Richtung wird sich dann auch unsere Energie bewegen.

In Dänemark sagen wir, dass Gedanken nichts kosten. Das stimmt für unseren Fall so nicht. Jeder hat schon erlebt, dass uns traurige oder schmerzliche Vorstellungen körperlich beeinflussen. Wir fühlen uns schlapp, schwitzen oder haben einen hohen Puls.
Stellen wir uns etwas Schönes oder Angenehmes vor, geht es uns gut, wir fühlen uns körperlich auch entsprechend wohl. Um das alles auszulösen brauchen wir nur irgendwo sitzen und uns etwas vorzustellen.

Das Visualisieren ist eine wirkungsvolle Methode, um uns selbst zu beeinflussen. Unsere Gedanken springen leicht und oft. Deshalb muss man das Visualisieren üben, mit Geduld und Nachsicht. Aber man kann es lernen. Das Gute daran ist, dass wir ganz gezielt an den Gedanken arbeiten können, die nicht gut für uns sind. Louise Hay († 2018) half Menschen dabei, ihr Selbstbild zu verändern und sich positiv zu entwickeln. Hay tat dies mit ihren Methoden zur Selbstheilung.

Im Gehirn werden Bewegungen und viele unterschiedliche körperliche Prozesse gesteuert. Die Hirnareale, die beim Visualisieren genutzt werden, sind direkt oder indirekt mit einer Reihe anderer Areale verbunden, welche unterschiedlichste Körperfunktionen steuern (Herzfrequenz, Blutgefäße, Lymphatisches System, Hormonelles System etc.).

Wer regelmäßig meditiert kann diese Prozesse willentlich beeinflussen. Kenn Wilbers, ein amerikanischer Philosoph, zeigt beispielsweise in einem Video, wie er seine Gehirnströme beeinflussen kann. Er erzeugt eine EEG Nulllinie und kann aus einer Tiefmeditationsphase auf Befehl verschiedene Hirnareale aktivieren. Untersuchungen mit buddhistischen Mönchen haben gezeigt, dass es möglich ist, große Teile der Hirnaktivität bewusst zu steuern.

Wie können wir diese Autosuggestion für das Bogenschießen nutzen? Unser Weltbild und unser Selbstbild gestalten wir aus dem, worauf wir unsere Augenmerk legen. (Byron Katie[3] hat zu dem Thema ein Buch geschrieben. Mit ihrer Methode dringt sie tief zu unseren Glaubenssätzen und unserem oft verschlossenen Selbstbild vor. Nur vier Fragen können die Grundlage unseres Handelns und unserer Gedanken offenlegen.)

Stellen wir uns negative Dinge vor oder denken wir negativ, nehmen wir auch das Negative um uns herum wahr. Unser Denken kann zu einer Art selbsterfüllender Prophezeiung werden.
Aber ... wir können unsere Außen- und Selbstwahrnehmung zum Positiven hin verändern, indem wir lernen positiv zu denken und positive Bilder zu visualisieren.

Die Entwicklung des Selbstbildes ist jedoch eine andere Geschichte. Sie ist dennoch direkt mit unserem Schießen verbunden. Unser Selbstbild beeinflusst unser Schießen.
Sind wir neugierig und nachsichtig mit uns oder ärgern wir uns ständig über das, was wir tun? (Siehe Louise Hay's Texte und Videos. Es geht dort darum, wie uns unser Selbstbild beeinflusst.)

---

[3] Byron Katie: Lieben was ist: Wie vier Fragen Ihr Leben verändern können

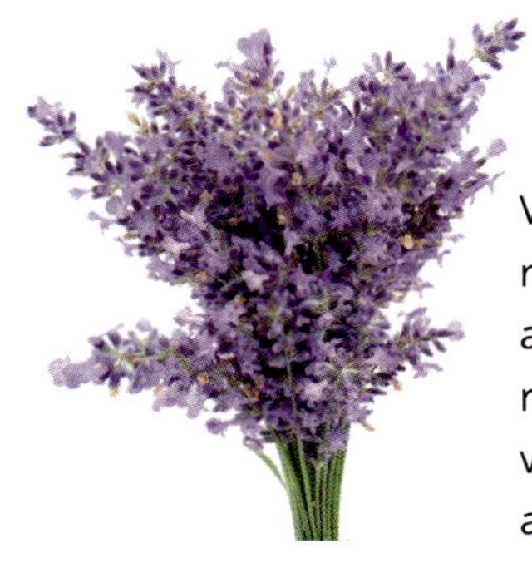

Der Versuch mit dem Lavendelöl

Vor ein paar Jahren, als ich von meinem Schießen so richtig frustriert war, dachte ich mir ein Experiment aus. Mein Problem war, dass ich den Bogen nicht ruhig ins Ziel halten konnte, immer den Bogenarm verriss, und ständig zu früh lösen wollte. Ich kam auf die Idee, den Schussreflex durch einen anderen, stärkeren Reflex über zu überlagern.

Wenn ich bestimmte Gerüche wahrnehme, erinnere ich mich oft in Sekundenbruchteilen sehr deutlich und klar an frühere Situationen, die ich mit diesen Gerüchen verbinde. Das kann das Parfüm einer ehemaligen Freundin sein oder der Geruch eines nassen Herbstwaldes. Vielleicht konnte ich – ähnlich wie beim Pavlov'schen Hund – einen Reflex auf der Basis eines Geruches erzeugen, der stärker als der Schussreflex sein sollte.

Ich besorgte mir also Lavendelöl, diesen Duft mag ich, und rieb es auf meinen Fingerschutz. Am ersten Tag funktionierte das prächtig, und fast alle Schüsse waren gut. Ich war mit dem Versuch so beschäftigt, dass der ganze Versuch allein schon wie ein Klicker wirkte.
Ich habe einen sehr feinen Geruchssinn – der Duft von Parfüm bringt mich wirklich auf Touren. So passierte es dann auch, dass ich mich am zweiten Tag, an dem ich wieder schoss, ständig an eine ehemalige Freundin denken musste, die ein Lavendel-Parfüm benutzt hatte. Ich dachte nur noch an Sex beim Schießen, was sich auch nicht änderte, als ich einen anderen Fingerschutz benutzte, der lediglich nach Sehnenwachs roch, wie alle meine Tabs.
Ich brauchte einige Wochen, um diesen Reflex wieder abzulegen, und damit war der Lavendelölversuch dann auch gescheitert. Danach habe ich nicht weiter mit Gerüchen gearbeitet.

Affirmationen und Schlüsselworte - der innere Dialog

Ehe wir das Kapitel über das Visualisieren abschließen und es in Verbindung zur TAB Methode bringen, müssen wir uns noch über Affirmationen und den inneren Dialog unterhalten. Was wir zu uns selbst sagen in unserem inneren Zwiegespräch, das wird zu unserer Wahrheit, und diese Wahrheiten sind schwer abzulegen. Auch wenn du nur ruhig dasitzt und meinst, außer Atmen nichts zu tun, wirst du oft einen inneren Dialog führen. Wir sprechen im Grunde still mit uns selbst, das ist ganz normal. Das kann ein sprachlicher innerer Dialog sein, es kann auch die Form von Bildern oder Gefühlen haben, das ist von Mensch zu Mensch unterschiedlich. Die Form dieses inneren Dialogs ist nicht so wichtig. Wichtig ist, dass wir diesen Dialog steuern und formen können in dem Moment, da wir ihn erkennen. Dadurch kann unser inneres Zwiegespräch positiv werden und kann uns stärken.

Manche Schützen formulieren ihren inneren Dialog laut. Was ich da an Selbstbeschimpfung so alles gehört habe, gehört zu dem Schlimmsten, was man sich vorstellen kann. Hier spiegelt sich die ganze negative Erwartungshaltung eines Schützen, der versagt hat. Das gleiche gilt auch für die Ausreden.

Ein negativer innerer Dialog kann zu einer schlechten Gewohnheit werden, dann erzeugt er ein unbewusstes, negatives Selbstbild, und dies wiederum zieht schlechte Erfahrungen nach sich. Wir verstärken diese negativen Erfahrungen noch, wenn wir unsere Wahrnehmung auf genau diese Erfahrungen lenken.

Im Zusammenhang mit dem Schussreflex ist es wichtig, einen guten inneren Dialog zu pflegen. Wir verstärken dadurch unseren guten Schuss und auch das Erleben der guten Schüsse an sich.

Muhammed Alis Affirmation Ausruf "Ich bin der Größte" ist eine der bekanntesten positiven Affirmationen in der Sportgeschichte. Sie zeigt auch, was mentale Stärke und ein positives Selbstbild bewirken können: 56 Profisiege und 19 erfolgreiche Titelverteidigungen im Schwergewichtboxen.

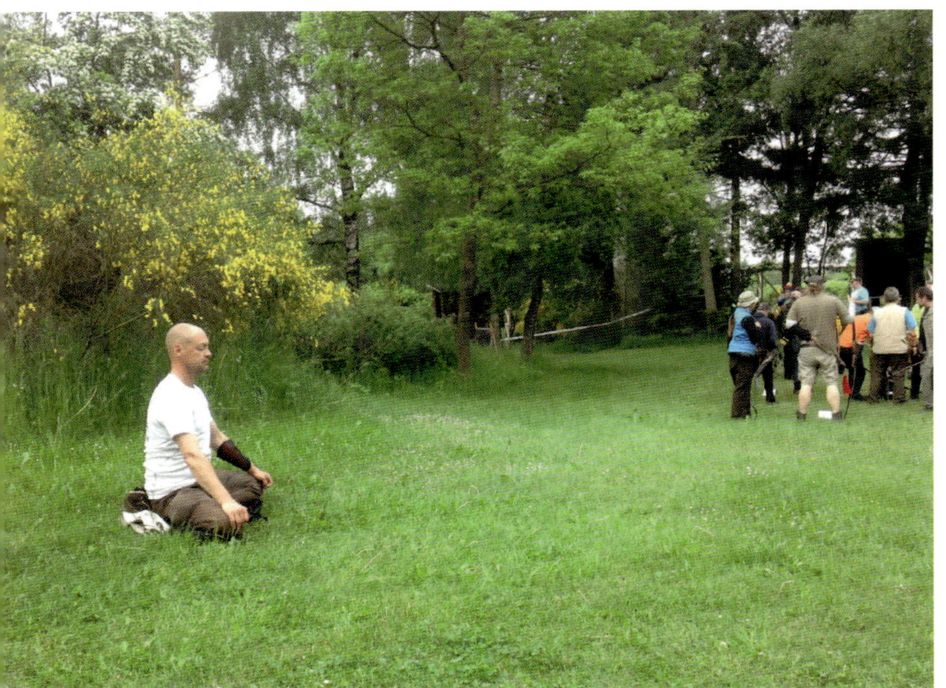

Der Autor bei der Meditation und Atemübungen vor einem Wettkampf

Bewusste Atmung

Mit einer bewussten und tiefen Atmung verbinden wir uns mit dem Hier und Jetzt und nehmen unseren Körper bewusst wahr. Wenn du merkst, dass deine Gedanken abschweifen, kannst du sie mit ein wenig Übung stets auf deine Atmung lenken, damit kannst du auch einen negativen inneren Dialog unterbrechen.

Die Atmung ist aktiver Bestandteil der meisten Meditationstechniken und wird auch im Yoga aktiv eingesetzt. Ich schildere diese bewusste Atemtechnik hier kurz. Wir brauchen diese Technik, um die mentalen Techniken zu verstärken, mit denen wir den Schussreflex überwinden wollen.

Wir unterscheiden die Zwerchfellatmung von der Brustkorbatmung. Atmen wir mit dem Zwerchfell, haben wir Zugang zu verschiedensten Gefühlen, Bildern und Gedanken. Diese Atmung verbindet uns mit der momentanen Situation, in der wir gerade sind. Wir sind dadurch aufmerksamer.

Übung
Setz dich in einen Stuhl, auf ein Meditationskissen, oder nimm einen sicheren Stand ein. Atme so, dass sich deine Bauchdecke bewegt, und vermeide Brustkorbbewegungen.

Wir haben uns nun die Entstehung des Schussreflexes angesehen, der eine natürliche Erklärung im Schießen selbst findet. Wir haben uns das Visualisieren und den positiven inneren Dialog angesehen.

Wie überwinden wir nun den Reflex und bekommen die Kontrolle über den Schuss zurück? Diesen Weg formuliere ich mit Überschriften, als eine Anleitung zur Selbsthilfe. Ich habe mit dem folgenden Programm eine ganze Zeit lang immer wieder gearbeitet. Es ist kein Wundermittel, aber mit der Zeit entwickelt sich eine neue Kontrolle über den Schuss.

Dekodierung oder neuer Schussreflex?

Wir haben als instinktive, intuitive Schützen keinen Klicker, kein Visier und keine Hilfsmittel, die uns eine Rückmeldung geben, wann wir lösen sollen. Diese Hilfsmittel könnten als wirklicher, guter Lösereflex funktionieren.
Um Vergleichbares zu haben, hat man sich viel einfallen lassen:
Die Befiederung berührt die Nase, den Fingerklicker, eine deutliche Erhebung auf dem Bogenmittelteil als Schlüsselreiz – alles, um die Aufmerksamkeit von diesem Schussreflex abzulenken.

Eine Zeitlang funktionieren diese Methoden vielleicht gut, aber am Ende entsteht oft lediglich ein neuer, unbrauchbarer Reflex.

Ich kenne Schützen, die mehrere dieser Methoden anwenden, die allesamt wieder zu einem Schussreflex führen. Deswegen meine ich, man sollte den unbequemen und manchmal frustranen Weg gehen und sich mit dem Schussreflex an sich auseinandersetzen. Und zwar an der Stelle, an der er entsteht - im mentalen Bereich. Man muss akzeptieren, dass dieser Reflex zum Schießen dazugehört. Aber eine neue Gedächtnisbahn kann gebahnt werden, wenn sie nur tief genug eingeübt wird.

Peter Juulsgaard, ein erfahrener, dänischer traditioneller Bogenjäger, hat mit dem Amerikaner Joel Turner gearbeitet, um seinen Schussreflex zu dekodieren. Die Befiederung berührt im Vollauszug die Nase und wird zum externen Klicker. Das funktioniert für viele Schützen sehr gut. Peter fügt an dieser Stelle folgendes ein:
"Wenn man die Befiederung an die Nase zieht und das als Trigger verwendet, dann entsteht dadurch für den Schützen kein Nachteil. Es kann aber als gute Ergänzung zum 5. Schritt in der Dekodierung des Schussreflexes genutzt werden. Wenn man also die Möglichkeit hat, die Befiederung als Trigger zu nehmen, warum sollte man das nicht tun, sie ist ja ohnehin vor unserer Nase?"

Da kann ich Peter nur zustimmen. Wenn es funktioniert, dann funktioniert es. Und wenn man verschiedene Wege miteinanderverbinden kann, und das dann funktioniert, dann tut man genau das.

Peter schildert eine Jagdsuituation
„Der Hirsch ist noch ein gutes Stück weit weg, kommt aber näher. Nach einiger Zeit steht er nicht mehr 50, sondern nur noch 15 Meter weit entfernt. Er fegt sein Geweih an einem Busch und schlägt mit dem Huf auf den Boden. Mein Herz schlägt wie wild und ich fokussiere den Hirschen scharf mit meinem Blick. Ich beginne mit dem Auszug, komme zum Anker, und der Zugellbogen kommt noch weiter herum. Mein Mantra klingt: ziehen, ziehen, ziehen... In dem Augenblick, als die Feder meine Nase berührt, durchschlägt der Pfeil auch schon die Brust des Hirschen und gräbt sich hinter ihm in den Boden."

ANALYSE DES SCHUSSABLAUFS

Nach einiger Zeit stellt sich bei jedem Bogenschützen im Schussablauf eine Routine ein. Ehe du diese Routine auflöst und dir eine neue Technik aufbaust, solltest du einige Schritte durchführen. Im ersten Schritt musst du deinen Schlüsselreiz bestimmen.

Bestimme deinen Schlüsselreiz
Bei den meisten löst das Zielbild (seine Erfüllung) den Schussreflex aus. Viele Schütz*innen lösen genau dann, wenn der Pfeil gerade in die richtige Lage schwingen will. Bei manchen setzt der Schussreflex bereits ein, wenn sie erst halb im Auszug sind.
Andere sind schon vor dem Schuss in einen sehr negativen inneren Dialog verwickelt. Man hört dann Sätze wie *„das treffe ich nie"* oder *„bestimmt habe ich wieder die Panik"*. Da ist die selbsterfüllende Prophezeiung schon ausgesprochen, ehe es überhaupt losgeht.

Es gibt also unterschiedliche Schlüsselreize, welche den Schussreflex auslösen, der häufigste ist aber das Zielbild.
Du musst nun für dich erkennen, wann dein Schussreflex einsetzt und was genau ihn auslöst.

Um diesen Zeitpunkt klar zu definieren nutzt du die Darstellung der Zeitintervalle, (Seite 33), wo die Zeiten wie in einem Barcode aufgetragen sind.

Mein eigener Schlüsselreiz

Mein eigener Trigger zum Schussreflex ist der Moment, wenn der Pfeil in die richtige Lage zum Ziel kommt. Solange der Pfeil nur einen Millimeter oberhalb der richtigen Position steht, kann ich den Bogenarm noch ruhig halten. In dem Augenblick, wo der Pfeil in die korrekte Lage kommt, ziehe ich den Bogenarm nach unten und der Bogenarm schwingt über das Ziel hinaus und fällt durch.

Mittlerweile kann ich den Bogenarm wieder ruhig im Ziel stehen lassen. Durch das Visualisieren und das Programm, das ich hier beschreibe, kann ich nun fast alle Schüsse so kontrollieren.
Das Programm ist kein Wundermittel, aber diese neu gewonnene Kontrolle über den Schuss macht richtig Spaß, und dann entsteht eine Aufwärts-Spirale.

Hast du einmal deinen eigenen Schlüsselreiz bestimmt, beginnst du mit den Visualisierungsübungen und übst auf diese Weise einen neuen Schussablauf ein, der sich kontrolliert anfühlt.
Wenn du deinen Schlüsselreiz kennst, ist es oftmals recht banal, deine Aufmerksamkeit von diesem Reiz abzulenken.

Das Zielbild ist nur ein Nebeneffekt einer guten Schießtechnik

Beschreibt man einen guten Schussablauf, dann ist das Zielen und die Erfüllung des Zielbildes idealerweise lediglich ein Teil des ganzen Ablaufs. Bei den meisten Schützen hört der Schuss allerdings bei der Erfüllung des Zielbildes auf und wird auch an dieser Stelle massiv gestört.

Richtig zu zielen hat bei diesen schlechten Schüssen so eine hohe Bedeutung, dass die Expansion in dem verzweifelten Bemühen, den Bogenarm richtig zu positionieren, in den Hintergrund gedrängt wird und in diesem Strudel der Scheibenpanik untergeht.

Deshalb soll man das Zielen nur als einen untergeordneten Aspekt in einem Schuss betrachten. Die Aufmerksamkeit soll auf dem Bewegungsablauf und an dessen Ende auf dem Gefühl der Expansion liegen.

Konzentrieren wir uns auf die Zunahme der Rückenspannung und führen wir den Zugellbogen in den Release nach hinten, stellt sich das richtige Zielbild meist automatisch ein und es ist viel leichter, den Schuss komplett durchzuführen ohne zu früh zu lösen oder ihn zu verreißen.

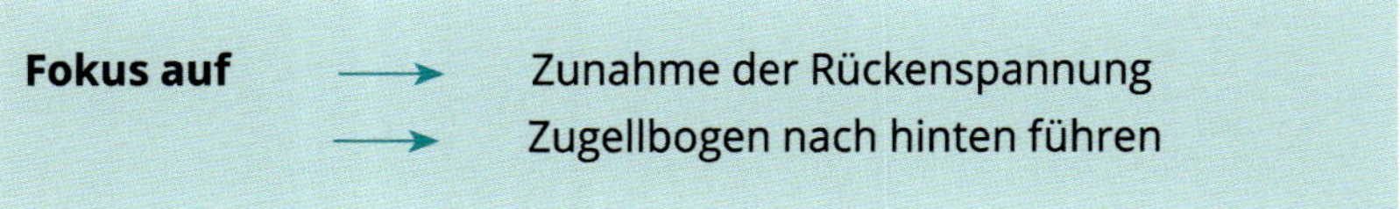

Der mentale Schussaufbau vor dem tatsächlichen Schuss
Analysiert du deinen Schussablauf und wirst du dir in diesem Zuge darüber klar, was du tust, wirst du folgendes bemerken:
Der Schlüsselreiz wirkt wie ein Schalter, der den Fluss deines ganzen Schusses unterbricht.
Das kommt dadurch, weil wir dem Zielen im Schussablauf zu viel Aufmerksamkeit widmen. Das Zielen wird damit zum auslösenden Schlüsselreiz für das Lösen.

Stattdessen soll das Zielen nur ein Zweitstrang im Schussablauf sein. Der Hauptstrang ist: **SCHUSSTECHNIK**, **KÖRPERGEFÜHL** und **ATMUNG**. Darauf achten wir.

Visualisierst du den Schuss, so soll darin der gesamte Schussablauf enthalten sein, bis hin zum Lösen und darüber hinaus. So wird diese Vorstellung vollständig und endet nicht mit dem Zielen oder dem korrekten Zielbild.

Ehe du also mit dem Visualisieren beginnst, musst du deinen Schussablauf im Detail und Schritt für Schritt erkannt und aufgeschrieben haben. Dazu kannst du dich an meiner eigenen Beschreibung orientieren.

FÜNF SCHRITTE FÜHREN DURCH DEN SCHUSS

Mit der Zeit habe ich herausgefunden, dass mein Schussablauf systematisch aufgebaut sein muss. Dieser systematische Ablauf soll mich durch den Schuss tragen, ohne dass ich mich in Gedanken verliere. Es ist ein Ablauf, an den ich mich halten kann.

Viele Lang- und Blankbogner*innen schießen einfach irgendwie und sind sich nicht über ihren Schießstil im Klaren, und was für sie wirklich funktioniert. Ich sage gerne, dass wir nichts verändern können, wenn wir nicht wissen, *was* wir verändern sollen. Ist der Schussablauf systematisch gegliedert, können wir uns auf alle Bewegungen im Schuss konzentrieren.

Ich habe das System mit den fünf grundlegenden Schritten nicht selbst erfunden, sondern habe es übernommen und etwas ergänzt, bis es für mich gut war. Ich habe dieses System eine ganze Weile mit Langbogenschütz*innen und Blankbogner*innen ausprobiert. Durch diesen einfachen Aufbau in fünf Schritten konnten alle ihr Niveau beträchtlich steigern.

Das System – und dies ist sein Vorteil meiner Ansicht nach – besteht nur fünf einfachen Teilen. Damit kannst du dich selbst leicht durch den Schuss führen.
Jedem einzelnen, grundlegenden Schritt sind Unterpunkte zugeordnet. Die musst du natürlich einüben, so wie Musiker*innen ihre Tonleitern immer wieder üben. Dadurch entsteht dann dieses Gefühl eines wundervoll flüssigen Schusses.

Atmen als mentaler Fixpunkt

Durch die Atmung kontrollieren wir den Rhythmus des fünfstufigen Bewegungsablaufs. Jeder Schritt ist mit einer Atmung verbunden, ist fließend. Zwischen Ein- und Ausatmung haben wir kurze Atempausen. Dadurch entsteht ein Rhythmus und die Präsenz im Hier und Jetzt.

Wenn wir uns auf die Atmung konzentrieren, sind wir in der momentanen Situation angelangt, denn man kann kaum an etwas anderes denken, wenn wir auf unsere Atmung achten. Atmen wir leicht ein und halten den Atem dann an, stabilisieren wir dadurch auch unseren Oberkörper.

Diese beiden Vorteile einer bewussten Atmung machen wir uns zu Nutze. Der fünfschrittige Schussablauf erstreckt sich über zwei vollständige Atemzyklen.

- Wir atmen ein, bevor wir den Bogen anheben.
  Mit der Ausatmung heben wir den Bogen an.

- Wir atmen ein beim Auszug und halten den Atem während des Zielens an, bis das Zielbild erfüllt ist. Beim Lösen atmen wir aus.

Dadurch, dass wir auf unsere Atmung achten, können wir während des Schusses aufmerksam und fokussiert bleiben.

Zwischen den Schüssen atme ich gerne frei und achte nicht auf die Atmung. Nachdem ich den Pfeil auf der Sehne genockt habe, achte ich wieder auf die Atmung. So entsteht ein Wechsel von konzentrierten und entspannten Phasen. Die Schüsse fallen in die konzentrierten Phasen, dazwischen liegen entspannte und ruhige Zeitabschnitte.

Dies alles soll dich inspirieren. Wir können uns selbst auf unterschiedliche Arten bewusst durch den Schussablauf führen. Bis jetzt ist dies für mich die beste Methode, mit der ich mich verbessern kann.
Gleichzeitig begünstigt diese Atmung die Arbeit am Schussreflex, da sie die Aufmerksamkeit über den ganzen Schussablauf erhöht.
Schütz*innen, die eine Atemtechnik in ihren Schuss integrieren, haben immer einen guten mentalen Fixpunkt mit diesem Werkzeug. Das konnte ich feststellen.
Hast du die fünf Schritte des Schussablaufes fest etabliert, kannst du dir den Fokus für einen guten Schusses immer wieder herstellen, selbst wenn du ihn in einer stressigen Situation einmal verloren haben solltest.

Körperbewusstsein
Es ist gut, wenn du dein Körperbewusstsein schärfst. Dazu gibt es mehrere Möglichkeiten. Bei allen Methoden lenkst du dein Bewusstsein auf die verschiedenen Körperregionen. Die Muskulatur, den Herzschlag, die Atmung und so weiter.
Spanne verschiedene Muskeln und Muskelgruppen an. Diese Körperarbeit ist umfangreich. Es zahlt sich aber aus, wenn man seinen Körper in der Bewegung, beim Schuss oder auch einfach nur in Ruhe wahrnehmen kann.

Alle Übungen zur Schärfung des Körperbewusstseins sind hilfreich. Die einzige Voraussetzung ist stets, dass du dein Bewusstsein auf deinen Körper lenkst.
Die klassischen Bewusstseinsübungen sind ganz ähnlich. Dort wird die Aufmerksamkeit auf den Moment gelenkt. Zum Beispiel auf das Essen. Isst man bewusst und langsam, nimmt man das Essen anders wahr und es schmeckt intensiver. Beim langsamen Essen, der langsamen Bewegung oder beim langsamen Sex sind wir aufmerksamer und präsent und fühlen eher, was in uns vorgeht.

Fünf grundlegende Schritte im Schuss
Ich zähle meinen Schülern beim Training die folgenden fünf Schritte beim Schießtraining anfangs an. Ich bringe ihnen bei, sich selbst im Training oder Wettkampf durch den Schuss an Hand dieser Schritte zu zählen. So wird jeder Schuss zu einer Bewusstseinsschulung auf den Prozess, der gerade abläuft. Du kannst diese Zählweise an deinen Schussablauf anpassen. Achte dabei auf alle wichtigen Unterpunkte.

Die ersten vier Schritte übe ich oft ein, ohne tatsächlich zu lösen. Dadurch habe ich mehr Schusskontrolle, und ich bemerke, an welcher Stelle ich Probleme habe, die Kontrolle aufrecht zu erhalten.
Die Atmung hält das Ganze zusammen und rhythmisiert den Schuss, wie ein tickendes Metronom.

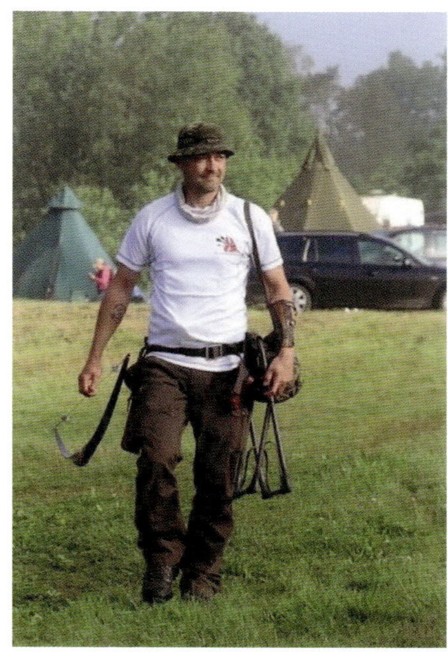

Der Autor freut sich auf das Finalschießen bei der Danish Open.

1. STAND

Im Stand fühle ich rasch in meinen Körper hinein:
Stellung der Füße, Druckverteilung auf den Füßen, Beugung der Beine, Stellung von Becken, Schultern, Nacken und Kopf.
Wenn du damit fertig bist, atmest du ein.

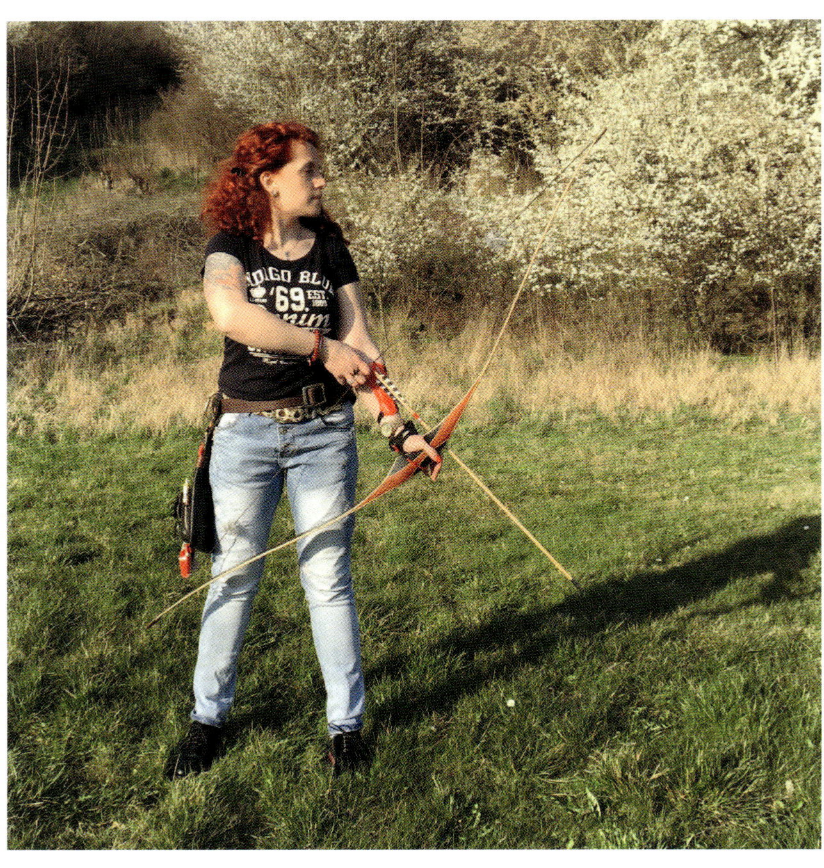

2. VORHALTEN

Nun atmest du aus, während du den Bogenarm anhebst und leicht in Richtung Ziel schiebst. Die Schultern sind gesenkt. Du hast so viel Zug auf der Sehne, dass du einen entspannten Griff mit der Bogenhand hast.
Der Ellbogen des Zugarms ist so weit angehoben, dass er später während des Auszugs fast in einer geraden Linie nach hinten geht.

In dieser Phase bringst du den Bogen in die richtige Lage zum Ziel und deine Aufmerksamkeit auf die Rückenmuskulatur. Der Druck in deiner Bogenhand wächst an.
Da du gerade ausgeatmet hast, bleibst du nur für den kurzen Moment der Atempause zwischen zwei Atemzügen in dieser Position stehen.

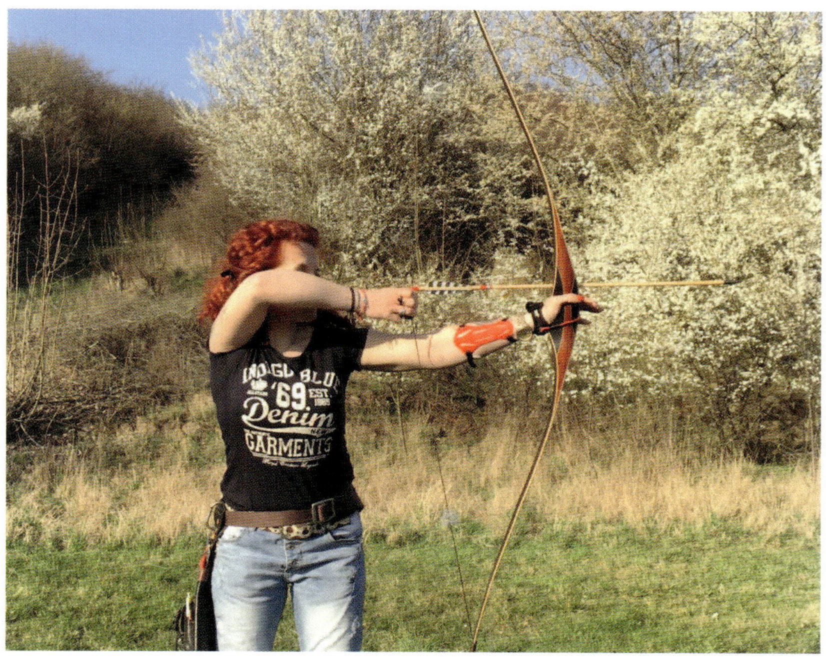

3. AUSZUG UND ANKERN: ZUG-DRUCK-METHODE

Die Auszugsbewegung beginnt mit einer Druckzunahme an der Bogenhand am Druckpunkt des Griffstücks. Während der Zugarm zieht und die Rückenmuskulatur angespannt wird, so dass die Schulterblätter zur Wirbelsäule hin gezogen werden, wird die Bogenschulter Richtung Ziel gedrückt. Durch den Schub der Bogenschulter zum Ziel dreht sich der Lendenbereich leicht und der Bogen wird Richtung Ziel gedrückt.

Hier liegt die Aufmerksamkeit darauf, *alles in eine Linie* zu bekommen und den Bogen flüssig auszuziehen. Beim Ausziehen achtest du schon darauf, mit deinem Finger sofort und direkt zu deinem Ankerpunkt zu kommen. Diesen triffst du direkt und unmittelbar. Das Körpergefühl läuft vom Finger des Ankerpunkts über den Unter- und Oberarm des Zugarms bis hin zu der Muskulatur zwischen den Schulterblättern.

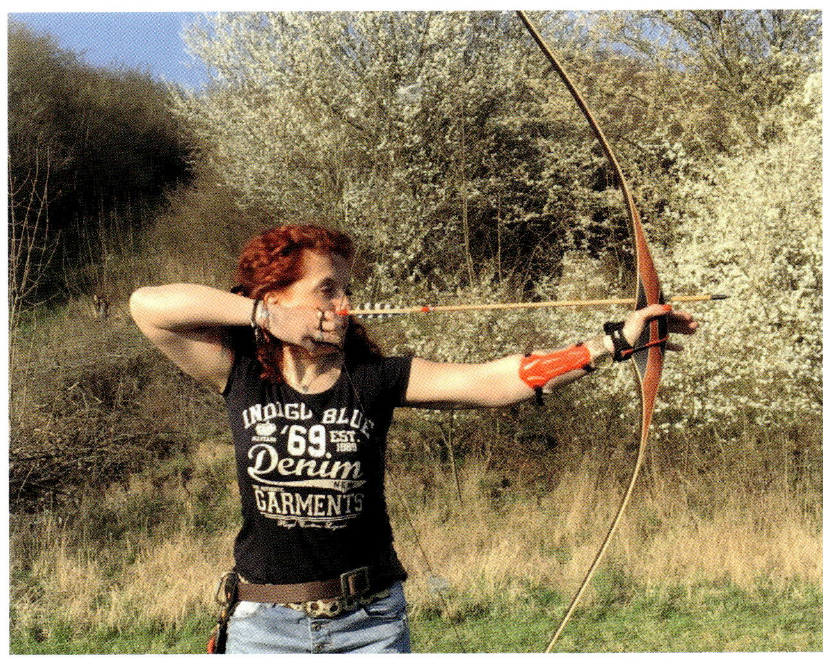

4. RÜCKENSPANNUNG

Jetzt richtest du deine Aufmerksamkeit auf die Muskulatur zischen den Schulterblättern und die des Zugarms. Du fühlst, wie hier die Spannung weiter zunimmt, bis hin zum Lösen.

5. ABLASS

Das Lösen ist eine Reaktion auf die zunehmende Rückenspannung. Die Muskulatur zwischen den Schulterblättern spannt weiter an.
Der Ellbogen des Zugarms bewegt sich weiter nach hinten, und im Ablass gleiten die Finger der Zughand glatt über die Wange. Achte darauf, wie groß die Bewegung der Zughand nach dem Lösen ist, wie weit die Zughand nach hinten gleitet. 4–5 cm sind genug, es ist nur ein kurzes Stück, eine kleine Bewegung. Nach dem Lösen bleibst du in dieser Position bis der Pfeil trifft.

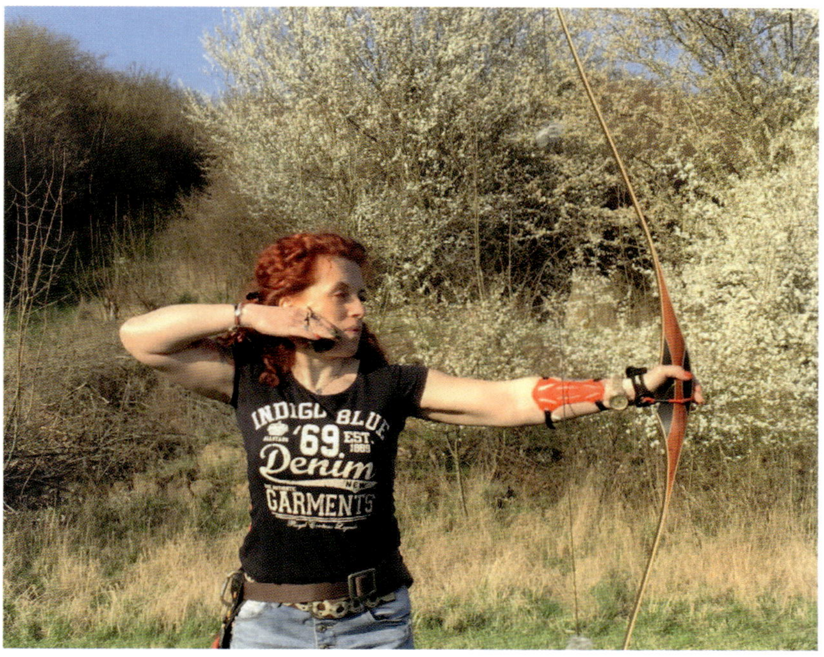

Danach senkst du den Bogen und atmest aus, so dass sich dein ganzer Körper entspannt.

Warte ein paar Atemzüge lang vor dem nächsten Schuss.

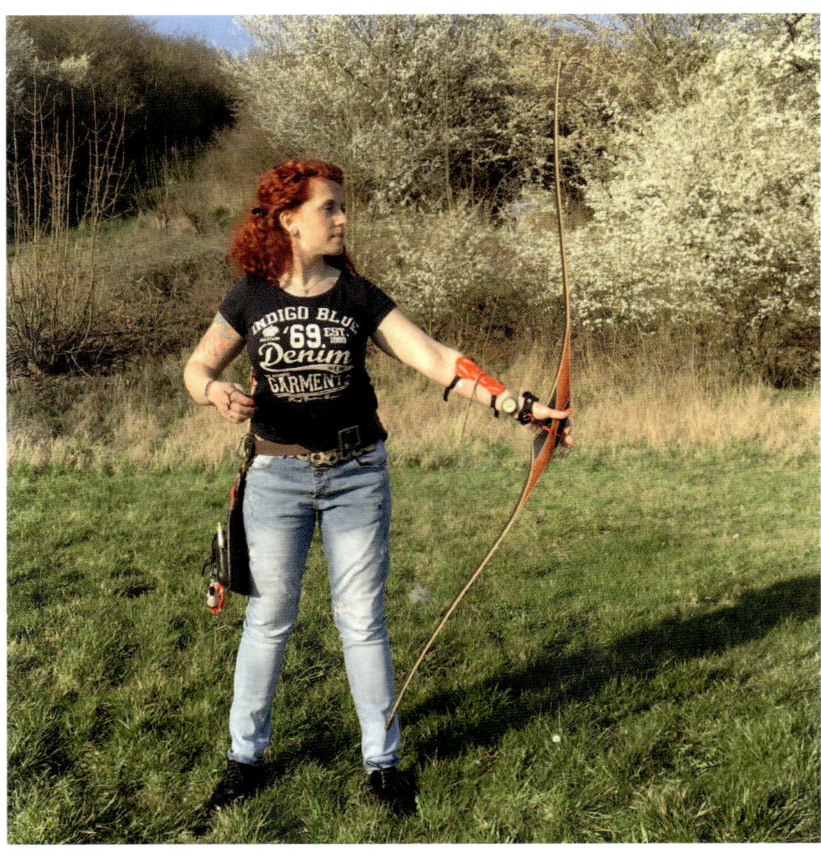

Äußere und innere Störfaktoren

Auf körperlicher und geistiger Ebene werden wir von vielen Dingen beeinflusst. Das sollten wir einmal näher betrachten. Die Störfaktoren unterteile ich in zwei Kategorien: Äußere und innere Faktoren.

Äußere Faktoren:
Alles, was um uns herum geschieht, gehört zu den äußeren Faktoren. Der Wettkampf, das Wetter, die Ausrüstung, die Erwartungen der Trainer*innen und Mannschaftkamerad*innen, die Unterkunft, und auch die Erwartungshaltung der Konkurrenz oder das Essen. Es gibt noch unendlich viel mehr äußere Faktoren, sie alle können uns beeinflussen.

Innere Faktoren:
Deine eigene Erwartungshaltung, deine Stimmung, was du dir selbst sagst, dein Selbstbild, wie gut du geschlafen hast, deine Nervosität, Hunger und Durst, der Blutzuckerspiegel, der Adrenalinspiegel, dein Muskeltonus, deine körperliche Verfassung und Form und viele andere Dinge.

Ich nenne all diese Dinge, weil sie uns beeinflussen. Und wenn du ein Problem mit dem Schussreflex hast, kann der Reflex durch Faktoren wie Blutzuckerspiegel, Adrenalinspiegel, Muskeltonus oder Schlafmangel verstärkt werden.
Einige dieser Faktoren können wir kontrollieren. Wir können sie so kontrollieren, dass sie uns beim Schießen nicht mehr stören.
Wenn du Probleme mit dem Schussreflex hast und in einen Wettkampf gehst, dann solltest du alle Störfaktoren, die den Schussreflex verstärken und die die beseitigen kannst, auch tatsächlich beseitigen.

Der Umgang mit Störfaktoren

Zunächst machst du dir bewusst, welche bekannten Faktoren dich negativ beeinflussen. Notiere dir, wie du diese Faktoren beseitigen kannst. Dann weißt du, auf was du im Training und im Wettkampf achten musst.

Äußere Störfaktoren

Innere Störfaktoren

....

....

....

....

....

....

....

....

....

....

Nun weißt du, welche Faktoren du beeinflussen kannst, und du kennst deinen optimalen Schussablauf. Jetzt kannst du den Schussreflex dekodieren und einen neuen Schuss einüben.

Zusammenfassung

Unsere Handlungsprogramme werden aus dem Unbewussten gespeist. 95% unserer täglichen Handlungen basieren auf diesen Programmen. Diese Programme entstehen schon in der Kindheit oder nach Lernprozessen. Manche Programme sind angemessen, andere unangemessen.

Auch die unangemessenen Programme – wie der Schussreflex – bestimmen unser Handeln. Sie bestimmen unser Handeln so lange, bis wir einen neuen Lernprozess durchlaufen und ein neues, stärkeres Programm in unserem Unbewussten abspeichern. Das stärkste Programm ist das wirkende Programm, wie immer es auch aussieht.

Durch Visualisieren, Schießtraining ohne Bogen und viel Übung bildet sich im Unbewussten ein neues Programm für den Schuss. Stell dir vor, du gießt eine wachsende Pflanze. Wenn du sie sorgsam gießt, wird sie langsam wachsen und größer werden.
So ist das auch mit dem neuen Schussprogramm. Du pflegst es durch deine Aufmerksamkeit und deine positive Visualisierung. Das alte Schussprogramm wird verblassen, wenn du es nicht mehr beachtest. Dann wirkt es nicht mehr.

Unser Unbewusstes kann nicht zwischen Visualisierung und tatsächlich Erlebten unterscheiden.

DAS FÜNF-PUNKTE-PROGRAMM DER DEKODIERUNG

1. Den optimalen Schuss visualisieren,
2. TAB Visualisierung und innerer Dialog
3. Aufmerksamkeit auf Kontrolle und Zeitintervalle
4. Visualisierung und Training ohne Bogen mit TAB Visualisierung
5. Schießen mit TAB Visualisierung

Wiederholungen

Dieses Fünf-Punkte Programm muss so oft wie möglich wiederholt werden. Manchmal kommt man in einem Training mit allen Punkten durch. Anfangs trainierst du pro Training nur einen Punkt von diesem Programm. Vielleicht übst du eine ganze Woche oder länger nur an einem einzigen Punkt.

Mit der Zeit wird dieses neue Schießprogramm zu deiner Routine und durch die Automatisierung damit auch weniger energieintensiv. Trotzdem kann das alte Schießprogramm wieder die Oberhand gewinnen, wenn du unter Stress stehst. Meiner Erfahrung nach sind die negativen Auswirkungen dann aber schon schwächer.
Du solltest während dieser Phase mindestens zweimal am Tag deine Visualisierung machen.

Leider bleibt der Schussreflex, wenn er einmal entstanden ist, grundsätzlich in unserem Unbewussten abgespeichert. Ein Reiz kann ihn leicht wieder auslösen, auch dann, wenn wir ihn dekodiert haben. Das musst du als Bogenschütz*in wissen. Deshalb müssen wir täglich an unserer Schusskontrolle arbeiten. Diese Erkenntnis ist frustrierend, und dieses Ringen um Kontrolle wird die meiste Zeit ein Teil unseres Schießens sein.

Wahrscheinlich werden wir den Schussreflex nie mehr los, wir können ihn aber in Schach halten. Deswegen ist es so wichtig, den Dekodierungsprozess ständig im Training zu berücksichtigen und ihn bei jedem Schuss anzuwenden.

Unter Stress gehen viele Schütz*innen dazu über, den Schuss unreflektiert abzuwickeln. Aber so funktioniert das nicht. Dieses neue Programm muss ein fester Bestandteil deines Schießstils werden.

DEKODIERUNG IN PHASEN

Zuallererst musst du eine Vorstellung - ein geistiges Abbild - davon entwickeln, was ein kontrollierter Schuss ist, wie er aussieht und wie er sich anfühlt. Es ist unumgänglich, dass du deinen bisherigen Schussablauf dekodierst und einen neuen etablierst. Du kannst dieses Gefühl für einen guten Schuss bereits dadurch verstärken, dass du ihn dir lediglich vorstellst.
Die Dekodierung läuft in verschiedenen Stufen ab. In der ersten Stufe schärfst du deine Aufmerksamkeit und deine Wahrnehmung für einen guten Schuss. In dieser Phase beschränkst du dich auf das Visualisieren, auf die bloße Vorstellung und übst dies täglich. Das Visualisieren ist eine Art Selbsthypnose oder Meditation.

Die nachstehende Visualisierung ist eine Grundlagenübung, die du so oft wie möglich machst, und zu der du immer wieder zurückkehren kannst. Durch diese Übung entsteht ein sogenannter innerer Anker. Hier soll der innere Anker so wirken, dass du bereits dann das Gefühl für den guten Schuss spürst (den du dir vorgestellt hast), wenn du deinen Bogen in der Hand hast.
Anfangs kann diese Vorstellung eines guten Schusses schwierig sein. Übe oft und gib dir selbst Zeit, bis du diesen guten Schuss vor deinem inneren Auge sehen und ihn vor allem auch fühlen kannst.

Während du visualisierst, öffnest du deine Augen, siehst einen Gegenstand in deiner Umgebung an und benennst ihn laut, sprichst seinen Namen aus. Dadurch erreichst du eine eher bewusste Ebene und bekommst so eine Art direkten Zugang zu dem harmonischen Gefühl eines guten Schusses. Wähle dazu jedes Mal einen anderen Gegenstand aus deiner Umgebung.

Lies dir die Phasen, Stufen oder Punkte deiner Übung laut vor und nimm dies auf Tonband auf. Deine eigene Stimme führt dich dann durch die Übung. Es kann sogar noch besser sein, wenn du jemanden mit einer angenehmen Stimme bittest, das Übungsprogramm zu lesen, und du zeichnest dies dann auf. Visualisiere mehrmals am Tag. Für jede Übung brauchst du ungefähr fünf Minuten.

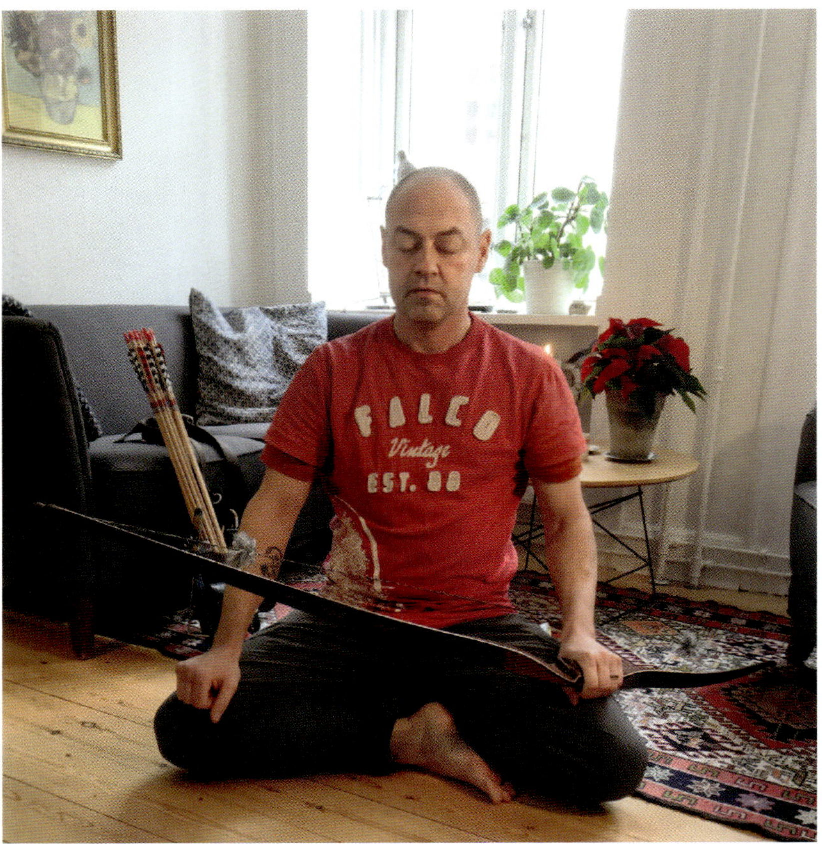

Visualisieren und inneren Anker setzen – so übst du zu Hause

1. Den optimalen Schuss visualisieren. Einen inneren Anker[4] setzen.

Such dir einen ruhigen Platz, wo du dich still hinsetzten kannst. Setze dich auf einen Stuhl ohne Lehne – oder lehne dich nicht an beim Sitzen – oder setze dich auf ein Kissen.

Nimm deinen Bogen in die Hand, so dass du den Griff während der Übung fühlen kannst.

Für diese Übung ist es wichtig, dass du in dem Rhythmus atmest, wie du auch bei deinem gewollten Schuss atmen wirst.
Grundsätzlich kannst du die Visualisierung aus zwei unterschiedlichen Perspektiven durchführen. Entweder du siehst dich selbst aus der Außenperspektive, wie dich ein Beobachter sehen würde. Oder du siehst deine Umgebung aus deiner eigenen, inneren Perspektive, so wie du sie beim Schießen tatsächlich sehen würdest. Du kannst beide Methoden anwenden und zwischen ihnen wechseln.

Die erste Methode, Außensicht, gibt dir einen guten Eindruck von deinem Schussablauf.

Die zweite Methode, aus deiner Innenperspektive heraus betrachtet, entwickelt den stärkeren inneren Anker.

Beachte deine Atmung, sie rhythmisiert deinen Schuss.

---

[4] Anm. des Übersetzers: In der Hypnose gilt als Anker z.B. ein Sinnesreiz (ein Geräusch, Geruch, etc.), der eine damit verbundene körperliche Reaktion oder Empfindung auslöst.

So visualisierst du:

1. Du atmest durch deine Nase und fühlst, wie sich dein Körper entspannt. Deine Gesichtsmuskulatur ist entspannt, und du fühlst, wie der Atem durch deine Nase strömt. Fühl, wie sich deine Bauchdecke beim Atmen hebt und senkt. Du spürst den Kontakt zu deiner Sitzfläche, und du merkst, dass du stark und sicher bist. Du fühlst den Bogen in deiner Hand, wie gut und vertraut sich der Griff anfühlt.

2. Du fühlst die Ruhe in dir, der Atem kommt und geht ohne einen Gedanken daran, so wie dein Körper atmen möchte.

3. Stell dir vor, du stehst mit deinem Bogen an einem schönen Ort, an dem du dich wohlfühlst. Hier wirst du deinen guten Schuss machen, so glatt und schön wie es geht. Dein Ablass wird so perfekt sein, wie du nur lösen kannst. Du fühlst, wie du gerade atmest, und fühlst deine Atmung während des Schusses. Lass deinen Pfeil genau im Zentrum deines Ziels treffen. Auf einer Notenskala zwischen eins und sechs bewertest du deinen Schuss. Du arbeitest an einem Schuss, der eine zwei verdient oder noch besser ist.

4. Mit der Vorstellung von diesem Schuss nimmst du deine Umgebung wahr, die Luft um dich herum, deinen Atem, nimmst deinen Körper wahr, das Licht und die Gerüche. Während du dieses Bild in dir siehst, hältst du deinen Bogen in deiner Hand.

5. Du merkst, wie gut sich dein Schuss anfühlt, und dieses Bild verstärkst du. Dieses Bild lässt du in dir wachsen, und du spürst in das Gefühl eines perfekten Abschusses hinein.

6. Du nimmst deinen guten Schussablauf wahr und hältst deinen Bogen ganz fest. Wiederhole den Schuss dreimal, während du deinen Bogen hältst.

7. Nach den drei perfekten Schüssen öffnest du deine Augen und siehst etwas Schönes in deiner Umgebung. Schau dir diesen Gegenstand an und sage laut seinen Namen. Danach schließt du wieder deine Augen.

8. Erinnere dich wieder an das Gefühl deines perfekten Schusses, nimm den Bogen in deiner Hand wahr und fühle den guten Schuss.

9. Nun kannst du deine Augen öffnen und in den Moment zurückkehren. Das Bild und das Gefühl des perfekten Schussablaufs und des perfekten Abschusses ist immer noch greifbar.

10. Diese Visualisierung wiederholst du so oft, bis die Berührung deines Bogengriffs das Gefühl für den guten Schuss auslöst.

Visualisiere mehrmals täglich für ungefähr 5 Minuten.

Bei der Dekodierung des Schussreflexes spielen unterschiedliche Visualisierungen eine Rolle. Diese Visualisierung zur Verankerung ist eine sehr gute Grundlage, auf der du weiter aufbauen kannst.

2. TAB-Visualisierung und innerer Dialog

TAB: Target – Anchor – Back (Ziel, Anker, Rücken)

Was wir uns in der TAB-Visualisierung vorsprechen, verstärkt den Fokus und das gute Gefühl für den Schuss. Wir sprechen uns die Worte der TAB-Visualisierung nicht nur leise oder auch laut vor und erschaffen dadurch ein Bild unseres Schusses, sondern wir beteiligen auch unsere ganze Körperwahrnehmung an der Visualisierung. Das ist wichtig.
Achte darauf, dass alles in dir Teil der Visualisierung wird. Alle Elemente der Visualisierung zusammen genommen unterstützen die Dekodierung des Schussreflexes.

Die TAB-Visualisierung erscheint auf den ersten Blick etwas kompliziert, denn eine fortgeschrittene Visualisierungstechnik wird der Visualisierung des guten Schusses hinzugefügt. Mit ein wenig Übung lernen die meisten das aber ziemlich rasch. Gestalten wir das Ganze einfach und praktikabel, nachdem ich ein wenig auf die Theorie eingegangen bin.

TAB heißt Target Anchor Back (Ziel Anker Rücken). Es ist gleich ob du dazu die englischen oder deutschen Worte benutzt. Nimm das was dir am Besten passt.
Bei der ersten Visualisierung hast du dir den Schussablauf vorgestellt. Diese drei Worte fügst du nun zum Schussablauf und dem Gefühl für den Schuss hinzu, so wie eine Filmmusik zu einem Film hinzugefügt wird.

Mit einem Pfeil auf der Sehne nimmst du deinen Stand ein (Position 1). Vor dem Schuss nimmst du einen tiefen Atemzug, und während du ausatmest siehst du deinen Pfeil in deiner Vorstellung bereits an genau der Stelle sitzen, die du treffen willst.

Von diesem Pfeil aus ziehst du eine geistige Schnur – sie kann jede Dicke oder Farbe haben – durch deinen Ankerpunkt und bis weiter durch den Ellbogen deines Zugarms und weiter in deine Rückenmuskulatur zwischen den Schulterblättern.

Vielleicht kannst du spüren, wie sich die Rückenspannung anfühlt. Diese Kraftlinie muss fast sichtbar für dich sein, vielleicht nimmst du sie auch mit anderen Sinnen wahr.
Wenn du die Rückenmuskulatur deutlich fühlst, löst du den Schuss aus, indem du die Schulterblätter zueinander ziehst und so einen perfekten Abschuss ausführst.

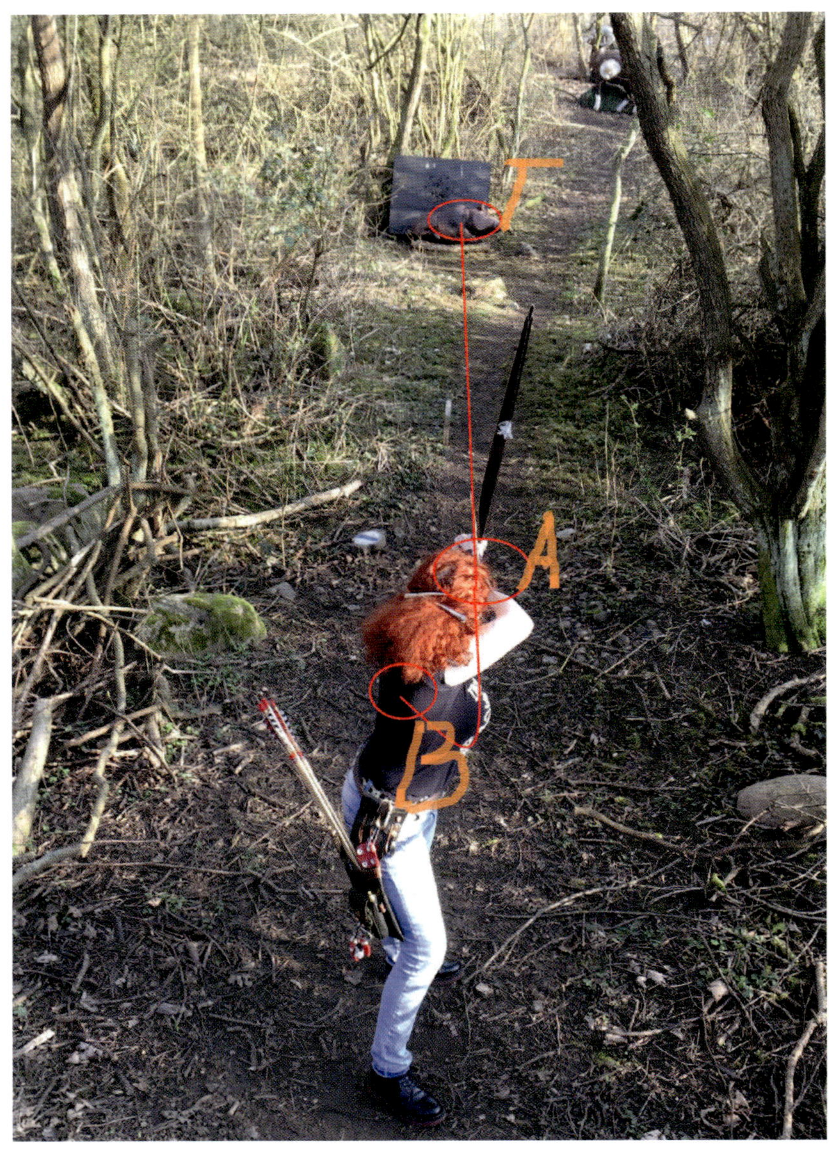

In Position 2 führst du die TAB-Visualisierung durch

Durch die Vorstellung dieser Linie wird dein Abzug / Lösen in der richtigen Richtung sein. Die Worte Target, Anchor, Back sagst du dir zu folgenden Zeitpunkten selbst vor:

- **Target** – wenn du vor deinem inneren Auge den Pfeil an seinem Zielpunkt sitzen siehst.
- **Anchor** – wenn die gedachte Kraftlinie vom Ziel zu deinem Ankerpunkt geht. Du willst das fühlen.
- **Back** – wenn du diese Kraftlinie weiter von deinem Anker über den Zug-Ellbogen zu deiner Rückenmuskulatur weiterführst. Du spürst, dass durch die Erhöhung der Rückenspannung der Pfeil perfekt gelöst werden wird.

Du machst die TAB-Visualisierung ***während einer Ausatemphase***. Die nächste Einatmung führt dann schon zum wirklichen Schusszyklus.
Durch die TAB-Visualisierung bereitest du dich geistig und körperlich auf die richtige, kontrollierte Schussausführung vor.

Die TAB-Visualisierung wird dann auch ***während des tatsächlichen Schusses*** angewendet. Dadurch wird die bewusste Ausführung des Schusses zur Routine.
Während des Schusszyklus siehst du ununterbrochen den Pfeil im Ziel sitzen. Du siehst die Linie zwischen Ziel (Pfeil im Ziel) und deinem Ankerpunkt. Du fühlst deinen Ankerpunkt, Zugellbogen und die Rückenspannung. All das, während du dir still diese drei Worte sagst.

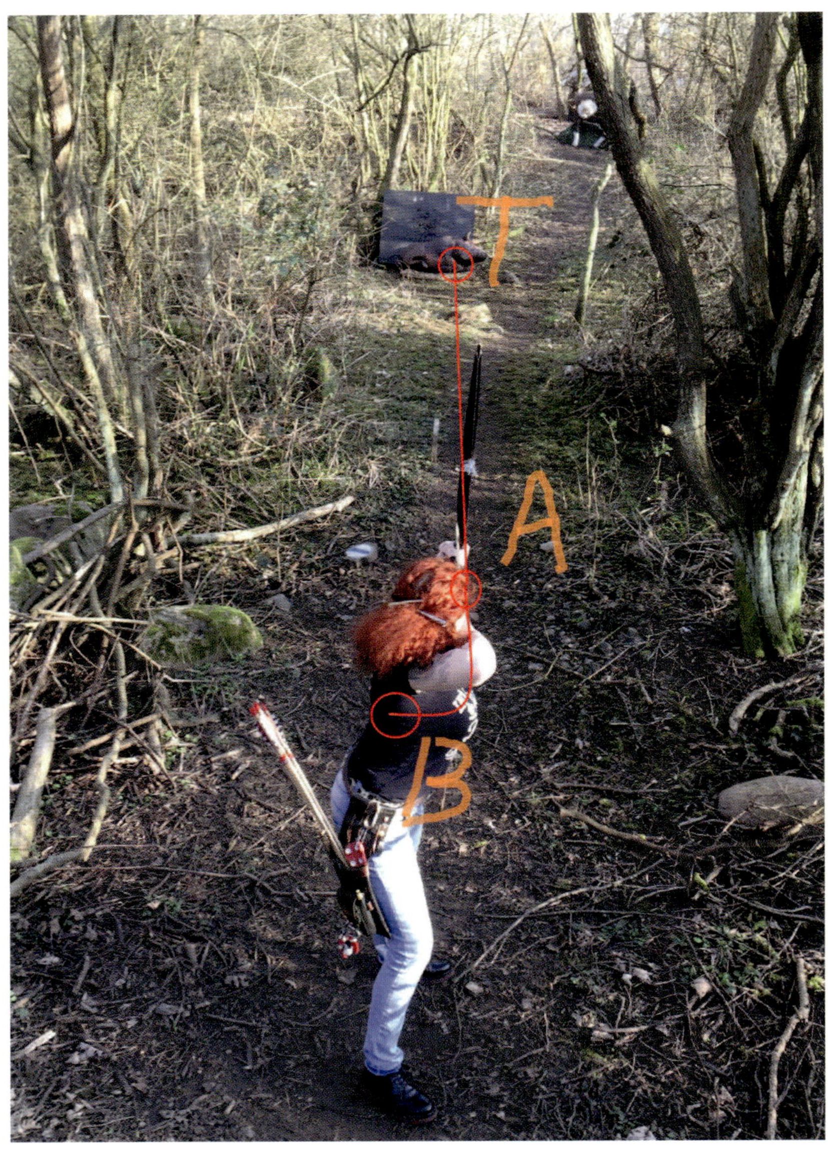

In Position 3 bei vollem Auszug visualisierst du das Konzept der Linie erneut

Das Zielbild, welches sich während des Ankerns korrekt einstellt, wird zu einem untergeordneten Element deines Schießens. Denn dein Hauptaugenmerk liegt auf deiner Rückenspannung und der Ausführung des Lösens.

Bei Schütz*innen, die Probleme mit dem Schussreflex haben, ist das Zielbild der Auslöser zum Lösen. Dieser Auslöser oder Trigger muss von einem anderen Trigger ersetzt werden, nämlich durch das Körpergefühl der zunehmenden Rückenspannung oder dem zunehmenden Winkel zwischen Zugoberarm und Zugunterarm, der immer kleiner wird.

Dieses Körpergefühl löst den Schuss aus und ist der neue Trigger.

Deshalb arbeiten wir so viel mit Visualisierung. In diesem Punkt sind sich alle einig, die am Problem der Scheibenpanik arbeiten: Der Auslöser zum Ablass des Schusses muss ersetzt werden, ein anderer, neuer Auslöser muss erarbeitet werden.

In seinem Buch „Controlled Process Shooting" beschreibt Joel Turner die Arbeit mit externen Triggern. Zum Beispiel kann die Befiederung die Nase berühren, oder der Finger der Bogenhand über einen tastbaren Punkt am Mittelteil streichen. Diese Techniken können den internen Trigger des oben beschriebenen Körpergefühls (Rückenspannung oder Zugarm) unterstützen, denn wenn die Muskulatur schon etwas müde ist, kann es manchmal schwer sein, ein exaktes Körpergefühl zu spüren.

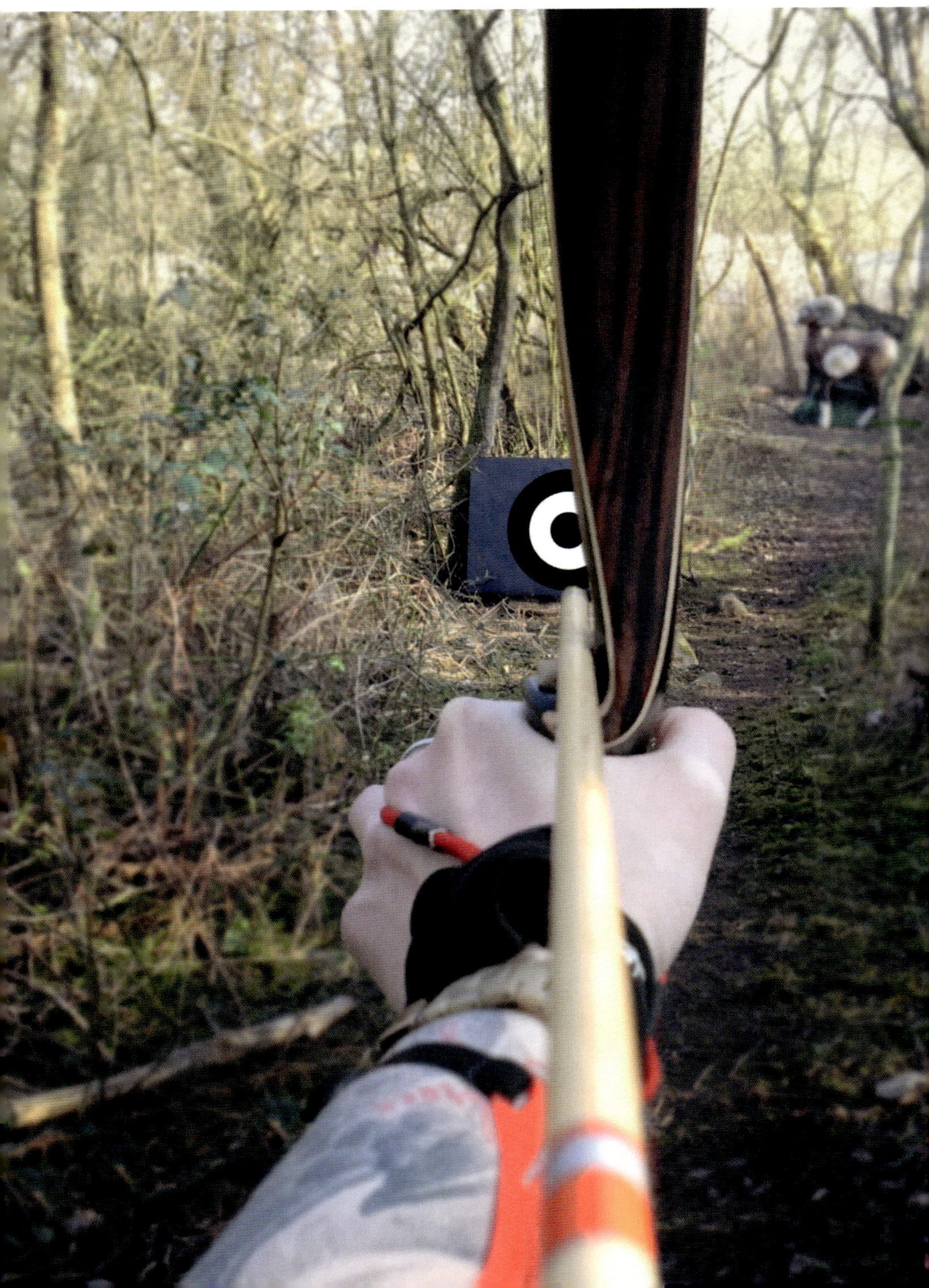

Die TAB-Visualisierung muss vor und während jeden Schusses durchgeführt werden.

Die meisten intuitiven Schütz*innen haben eine ziemlich klare Vorstellung davon, wie das Zielbild auf den jeweils unterschiedlichen Entfernungen sein muss. Deshalb bildet sich dieser Auslöser zum Schuss auch so rasch heraus.
Da wir das Zielbild körperlich und geistig so gut bestimmen können, ist auf diese Einschätzung normalerweise auch gut Verlass.

Deshalb können wir uns ganz auf den **Schussablauf** konzentrieren und das Zielbild ist lediglich ein Teil des Schusszyklus.

3. Fokus auf Kontrolle und Zeitintervalle

Du kontrollierst den Schuss, indem du die Bewegung des Schusses durchläufst ***ohne zu lösen***.

Damit fängst du an, wenn dir die Visualisierung des optimalen Schusses und die TAB-Visualisierung leichtfällt. Du ziehst den Bogen aus und gehst durch den gesamten Bewegungsablauf, setzt aber vor dem Lösen ab. Zu diesem Zeitpunkt sollst du noch nicht lösen, noch nicht schießen.

Wenn du den Schuss vor dem Lösen nicht absetzten kannst, nimmst du eine Ellbogenschlinge wie unten abgebildet. Damit bleibt die Sehne in deiner Zughand, selbst wenn du doch lösen solltest, und du kannst dir so ganz sicher sein, dass der Pfeil nicht aus dem Bogen geht.

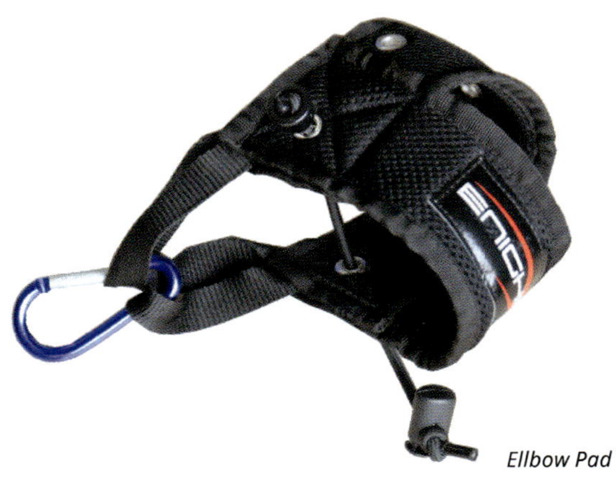

Ellbow Pad

Du kannst auch mit geschlossenen Augen ausziehen. Das Zielbild wirkt dann nicht als Trigger und du fühlst deinen Körper und deine Muskulatur besser.

Die meisten können den Bogen im Auszug halten, wenn sie die Augen geschlossen haben. Vielleicht übst du das eine Weile, ehe du mit dem Programm weiter zum nächsten Punkt gehst. Die Erfahrung, dass der Schussreflex nicht auftritt, wenn du die Augen geschlossen hast, erleichtert dir später das Schießen mit geöffneten Augen.

Übung 1

Diese Übung ist ganz leicht. Du ziehst voll aus, richtest den Bogen so aus, dass das Zielbild passt, bleibst einige Sekunden so und setzt dann ab ohne zu schießen.

Dabei konzentrierst du dich auf deinen Zugellbogen und deine Rückenspannung. Vor deinem inneren Auge siehst du die Linie, die von der Scheibe bis zu deinem Rücken verläuft.

Während der Übung sagst du dir die Worte „Target – Anchor – Back", aber ohne den Pfeil zu lösen.

Lobe dich selbst, wenn dir das gelingt: Den Bogen im Auszug halten und richtig auf das Ziel ausrichten, während du deine Aufmerksamkeit auf deine Rückenmuskulatur lenkst.

Es dauert eine Weile dahin zu kommen und den Bogen dann auch abzusetzen, aber es wird mit der Zeit immer leichter werden.

Übung 2: Zeitintervalle

Mit Hilfe der Zeitintervalle findest du genau heraus, wann dein Schussreflex ausgelöst wird. Diese Phase ist oft von unkontrollierten Bewegungen gekennzeichnet.

Manchmal ist das alte Bewegungsmuster noch stärker und schlägt durch, aber du übernimmst immer mehr die Kontrolle.

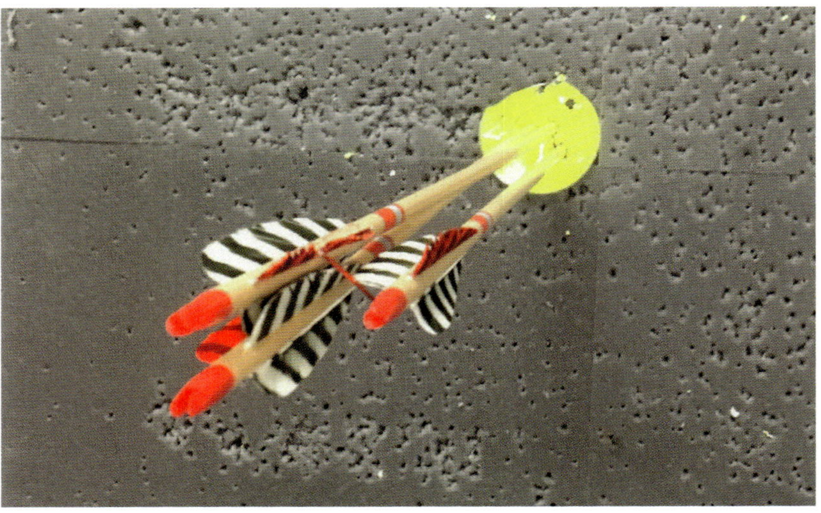

Drei gute Pfeile aus 18 Meter. Das Zielschießen ist eine unschätzbare Hilfe, um die Kontrolle über die Schüsse zu bekommen und die Zeitintervallsteuerung zu trainieren.

Übung 3: Das Gefühl von Kontrolle

Diese Übung vermittelt dir das Gefühl von Kontrolle über deinen Bogen. Es kann wirklich seltsam sein, über einen 3D Parcours zu laufen, 60 mal auszuziehen und zu zielen, ohne einen einzigen Pfeil tatsächlich abgeschossen zu haben. Aber du entwickelst dadurch Kontrolle. Für die Entwicklung von Kontrolle ist es eine sehr gute Ausgangsübung.

Vor dem Schießen:

Etwa 10 bis 15 Minuten nur den Bogen ausziehen, zielen und absetzen. Diese Übung kannst du immer wieder einstreuen, wenn du merkst, dass sich der alte Schussreflex wieder einschleicht.

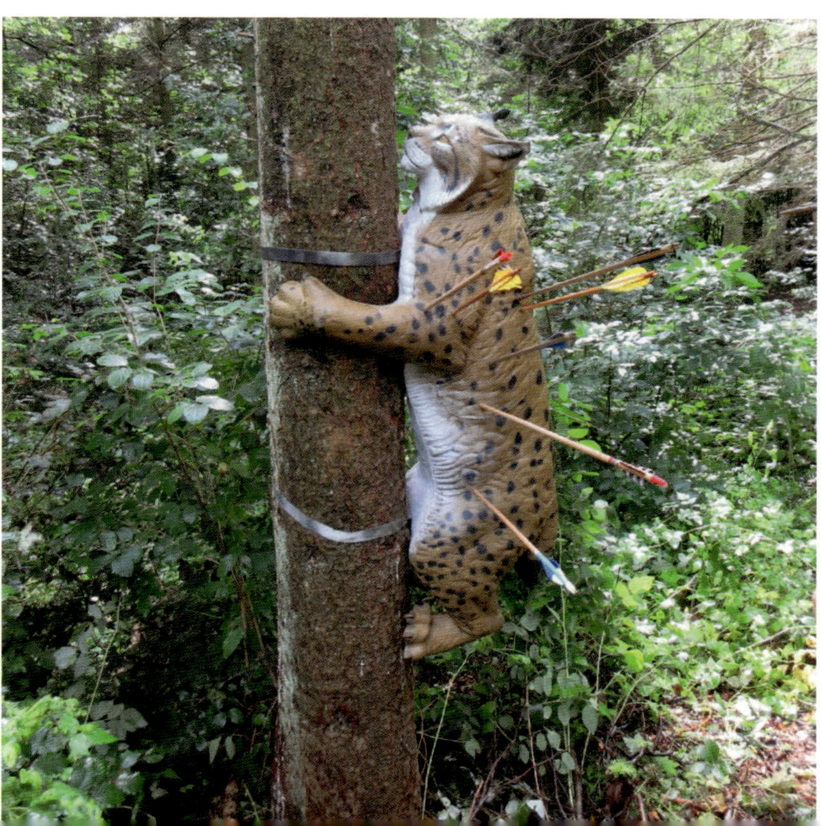

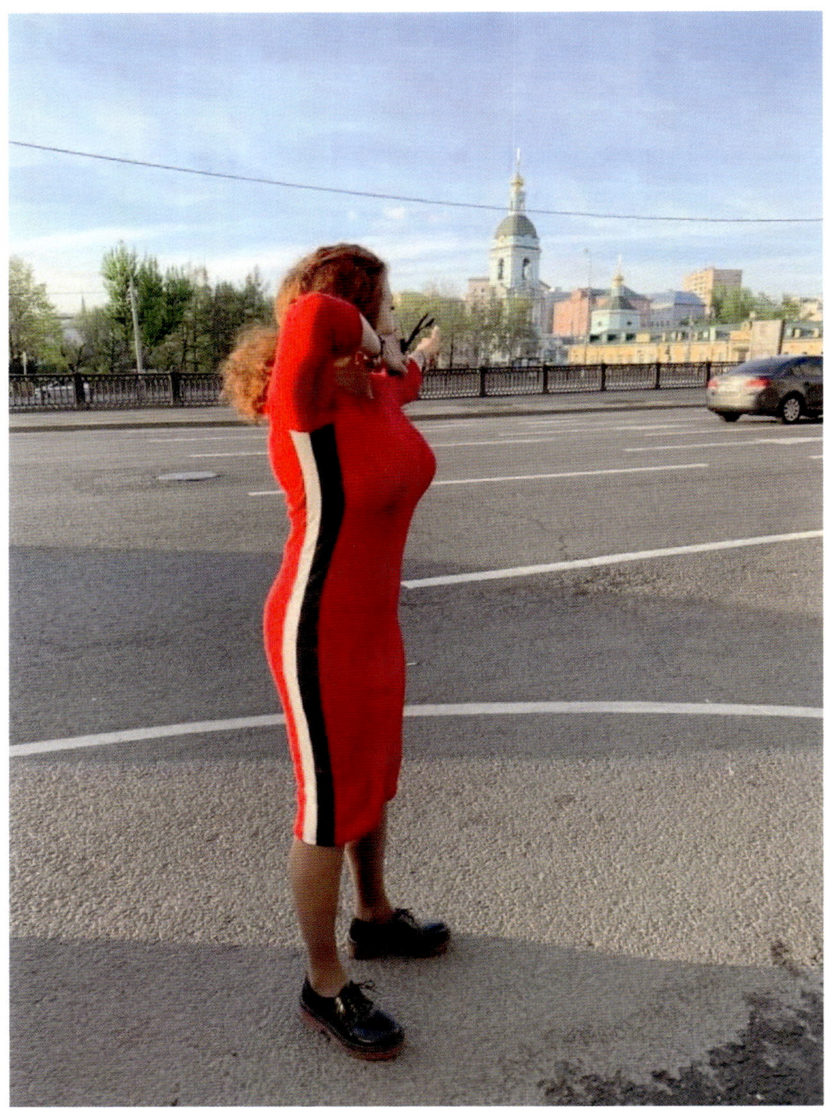

Auszug und Ankern, aufgenommen an einem belebten Ort.

4. Visualisierung und Training ohne Bogen mit TAB Visualisierung

Das kannst du wirklich überall üben.

Bei dieser Übung machst du tatsächliche alle einzelnen Bewegungen, die du auch beim Schießen machst. Du gehst auch durch die TAB-Visualisierung dabei. Der einzige Unterschied besteht darin, dass du es ***ohne Pfeil und Bogen*** machst.

Das geht überall. Es wird allerdings zu Fragen kommen, wenn du damit im Einkaufszentrum oder an der Bushaltestelle anfängst. Prinzipiell geht es aber überall, und du suchst dir deine Orte selbst aus.

Schau nach einem Ziel, das du ohne Bogen treffen kannst. Gleichzeitig trainierst du bei dieser Übung auch das Entfernungsschätzen.
Du kannst mit einem Entfernungsmesser kontrollieren, wie gut du schätzen kannst. Es ist wirklich überraschend, wie genau wir Entfernungen schätzen können und es zeigt auch wieder, dass wir dem Zielvorgang gar nicht so viel Aufmerksamkeit zu schenken brauchen.
Unser Gehirn weiß genau, wo das Ziel ist.

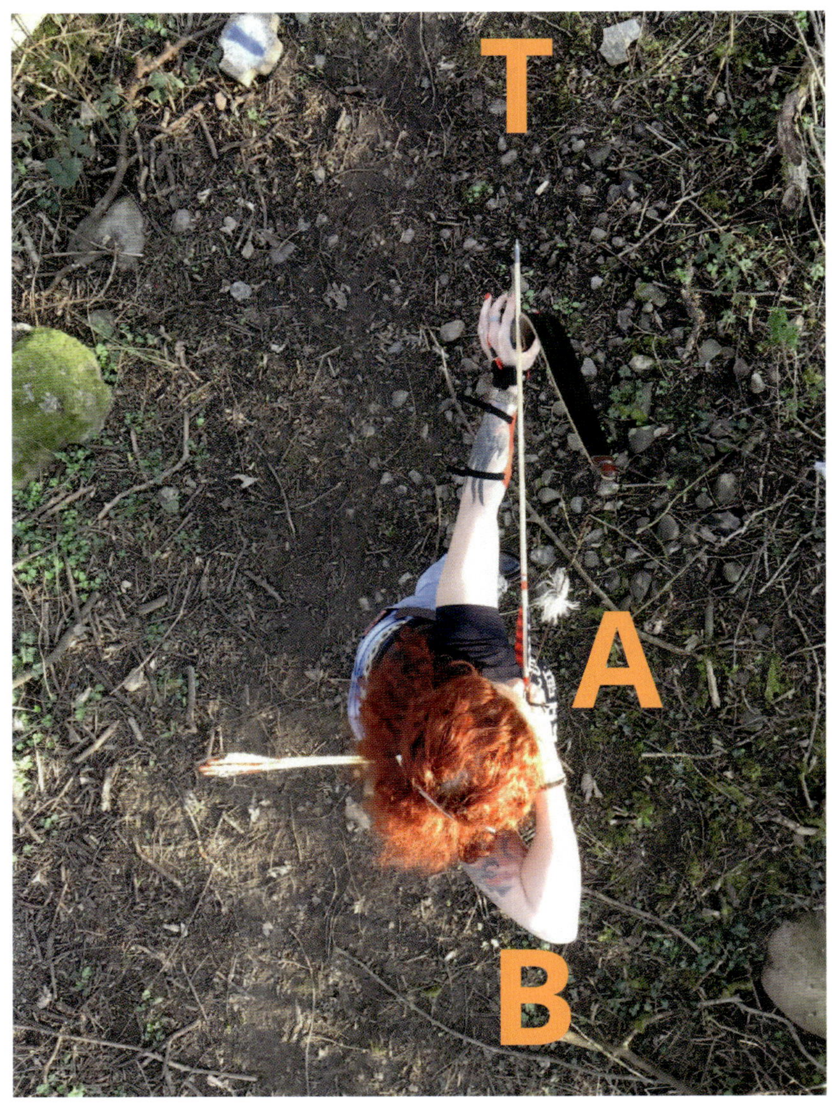

Die Linie Ziel-Anker-Rücken im Auszug

5. Schießen mit TAB-Visualisierung

Jetzt haben wir alle Schritte des Übungsprogramms durchlaufen und du wirst einen neuen Auslöser für den Abschuss entwickeln:
Die Rückenspannung und ***der Druck***, wenn sich im Zugarm der Unterarm an den Oberarm annähert.
Beim Schießen sollst du diese beiden Punkte bewusst wahrnehmen.
Trainiere das bei jeder Vorübung. Besonders beim Auszug mit Absetzen ohne zu Lösen.
Denke daran: Es dauert eine Weile, ehe ein neuer Reflex entsteht und der alte dekodiert ist, aber es funktioniert.

Die Worte Target-Anchor-Back werden zu deinem Mantra, das du immer wiederholst. Während des Schusses und auch ansonsten.

Target-Anchor-Back

Target-Anchor-Back

Target

Anchor

Back

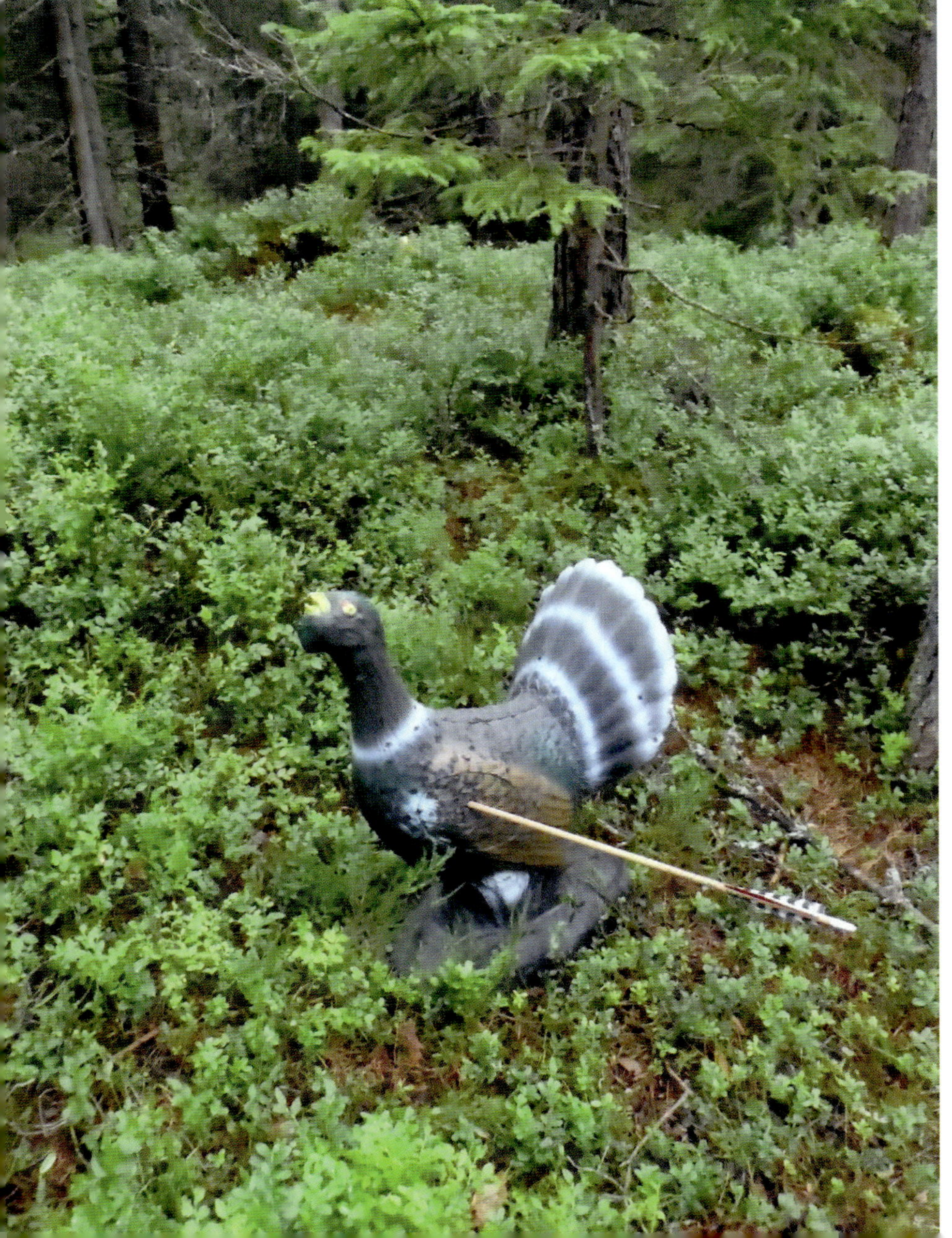

Realistische Ziele

Viele Schützen erwarten von sich selbst, dass alle Schüsse gut und kontrolliert sein müssen. Ich denke das ist nicht möglich, wenn man einmal Scheibenpanik gehabt hat. Als Bogenschütz*in solltest du dich darauf konzentrieren, dich ständig zu verbessern, anstatt solch ein Endziel zu formulieren.

Wenn du das im Blick behältst, bleibst du in einem positiven, kreativen Prozess. Der Weg ist das Ziel und deine Messlatte ist der Fortschritt. Der Fortschritt liegt natürlich darin, dass deine Schüsse immer kontrollierter werden.

Vor einem halben Jahr lagen die meisten meiner Schüsse zu hoch über dem Ziel. Jetzt sitzen sie zu 95% im Ziel und zu einem großen Teil genau dort, wo ich sie vorher „gesehen" habe. Bin ich mal nicht konzentriert und löse ich zu früh, so rufe ich mir die vielen guten Schüsse ins Gedächtnis, bei denen ich die Kontrolle hatte und die einfach supergut waren.

Dadurch lenke ich meine Aufmerksamkeit auf meine neue Art zu schießen und vergesse den alten Prozess. Ich erlebe, wie andere Schützen sich in Wettkämpfen in diese bekannte Negativspirale hineinbegeben. Das erinnert mich daran, an meine guten, kontrollierten Schüsse zu denken und nicht in diesen Abwärtstrend einzusteigen, der bei Wettkämpfen oft entsteht.

Deshalb rate ich dir: Du musst akzeptieren, dass nicht alle Schüsse gut sind und du musst dich ausschließlich auf deine guten Schüsse konzentrieren.

Abschluss

Die fünf Schritte zur Dekodierung kann man so oft üben wie man will. Mit der Zeit werden sie zu einem zusammenhängenden Ganzen und zu einer Routine, in der man die einzelnen Teile nicht voneinander trennen muss.

Die Grundübung des Visualisierens und das Ausziehen, Zielen und Absetzen ohne zu Schießen sind isolierte Übungen. Trainiere sie so oft wie möglich.

Beginne jedes Training mit der TAB-Visualisierung und der Auszugsübung mit Absetzen. Das machst du ungefähr 10 bis 15 Minuten lang.
Diese beiden Übungen geben dir deine Sicherheit zurück, wenn du mal in alte Muster zurückfällst.

Der selige Fred Bear wird oft mit dem Ausspruch zitiert:
„Je mehr du übst, desto mehr Glück hast du".

Das ist immer noch wahr.
Ich hoffe, du findest zu einem besseren und kontrollierterem Schießen.

Jes Lysgaard

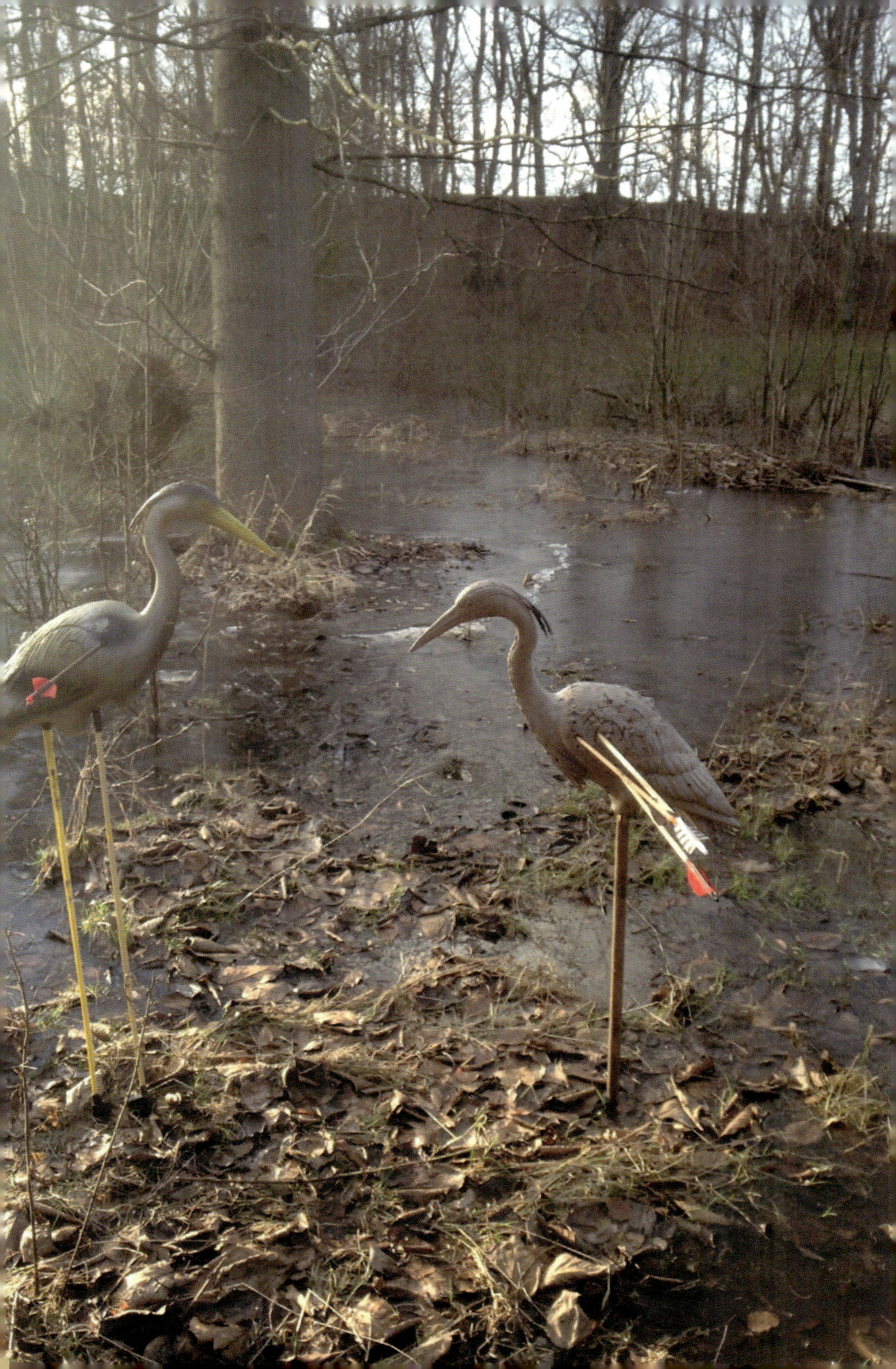

Literatur

Deutschsprachige Bücher

Katie, Byron: Lieben was ist: *Wie vier Fragen ihr Leben verändern können*, Arkana

Hay, Louise: *Spiegelarbeit: Heile deine Gedanken, heile dein Leben: Innere Balance finden durch Affirmationen und ganzheitliche Medizin* / *Du kannst es! Durch Gedankenkraft die Illusion der Begrenztheit überwinden* / u. a.

Williams, Mark / Teasdale, John / Zindel, Segal / Kabat-Zinn, Jon: *Der achtsame Weg durch die Depression*

Kidwell, Jay: *Einblicke ins instinktive Bogenschießen*

Stern, Daniel: *Der Gegenwartsmoment: Veränderungsprozesse in Psychoanalyse, Psychotherapie und Alltag,* Brandes & Apsel.

Tolle, Eckhart: *Jetzt! Die Kraft der Gegenwart*, Kamphausen Media GmbH

Goleman, Daniel: *Dialog mit dem Dalai Lama: Wie wir destruktive Emotionen überwinden können*, dtv, Verlagsgesellschaft.

Coelho, Paulo: *Der Weg des Bogens*, Diogenes.

Bücher in englischer Sprache

Dychtwald, Kenneth (1977): *Bodymind*. Pantheon Books,Random House, Inc.

Wilber, Ken: *A brief History of everything* (1996). Shambala

Sabetti, Stephano (1993): *Waves of Change*. Life Energy Media.

Ferguson, Byron (1994): *Become the Arrow.* Target Communications Corporation

Gade, Anders (1997): *Brain processes - cognition and neuroscience.* Frydenlund

Goleman, Daniel (2003). *Destructive Emotions.* The Bantam Dell Publishing Group

Turner, Joel (2017). *Controlled Process Shooting - The Sience and Target Panic.*

Needham, Simon (2013). *The Competitive Archer*. The Crowood Press

Coelho, Paulo (2020). *The Archer.* Alfred A. Knopf, New York

Youtube

Jes Lysgaards youtube Kanal www.t1p.de/jeslysgaard
Alle Videos in englischer Sprache
Introduction to the mental anchor | Mental anchor for archers
How to hold your bow and string | Archer's reflex Part 1, 2, 3
3 diff. shooting styles to prevent target panic

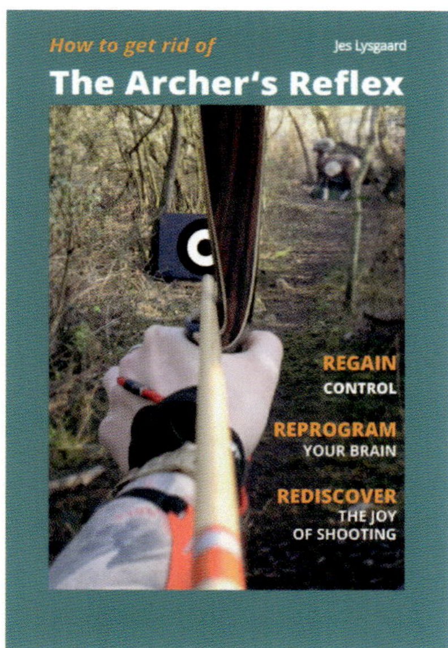

In englischer Sprache:

How to get rid of

THE ARCHER'S REFLEX

REGAIN CONTROL –

REPROGRAM YOUR BRAIN

REDISCOVER THE JOY OF SHOOTING

Printed edition 978-3-938921-85-2
E-Book 978-3-938921-83-8

DON'T PANIC – IT'S JUST A REFLEX!

Bücher zum Bogenschießen gibt es hier:
www.bogenschiessen.shop